博士论文
出版项目

非金融企业影子银行化的经济效应

Economic Effect of Non-financial Enterprises' Shadow Banking Activities

韩　珣　著

中国社会科学出版社

图书在版编目（CIP）数据

非金融企业影子银行化的经济效应/韩珣著 . —北京：中国社会科学出版社，2021.10
ISBN 978 - 7 - 5203 - 8994 - 5

Ⅰ. ①非…　Ⅱ. ①韩…　Ⅲ. ①非银行金融机构—研究—中国　Ⅳ. ①F832.39

中国版本图书馆 CIP 数据核字（2021）第 172804 号

出 版 人	赵剑英	
责任编辑	谢欣露	
责任校对	杨　林	
责任印制	王　超	

出　　版	中国社会科学出版社	
社　　址	北京鼓楼西大街甲 158 号	
邮　　编	100720	
网　　址	http://www.csspw.cn	
发 行 部	010 - 84083685	
门 市 部	010 - 84029450	
经　　销	新华书店及其他书店	

印　　刷	北京君升印刷有限公司	
装　　订	廊坊市广阳区广增装订厂	
版　　次	2021 年 10 月第 1 版	
印　　次	2021 年 10 月第 1 次印刷	

开　　本	710×1000　1/16	
印　　张	13.5	
字　　数	188 千字	
定　　价	78.00 元	

出 版 说 明

 为进一步加大对哲学社会科学领域青年人才扶持力度，促进优秀青年学者更快更好成长，国家社科基金 2019 年起设立博士论文出版项目，重点资助学术基础扎实、具有创新意识和发展潜力的青年学者。每年评选一次。2020 年经组织申报、专家评审、社会公示，评选出第二批博士论文项目。按照"统一标识、统一封面、统一版式、统一标准"的总体要求，现予出版，以飨读者。

全国哲学社会科学工作办公室

2021 年

摘　　要

　　随着我国经济进入结构性调整阶段，市场需求萎缩、传统产业产能过剩以及僵尸企业处置等问题日益突出。然而，在实体经济长期疲软和投资回报率不断下滑的背景下，金融部门却呈现出与实体经济相背离的高速增长趋势。一方面，金融逐渐背离服务于实体经济的初衷，通过金融创新和产品嵌套等方式突破金融监管，试图掩盖金融交易的本质，使得资金在金融体系内部空转；另一方面，实体部门在金融行业高额利差收益的引诱下，也开始偏离主营业务，从事股票、债券以及银行理财、信托产品等类金融资产投资活动，加剧了经济"脱实向虚"趋势。据 Wind 统计，2016 年有 767 家上市公司购买了银行理财产品、证券公司理财产品、信托贷款、私募基金等类金融资产，总金额高达 7268.76 亿元。[①] 值得我们关注的是，在我国信贷歧视、资本市场欠发达和金融监管缺失的背景下，越来越多的非金融企业利用其多元化融资渠道，从金融中介和资本市场融入资金，转而通过委托贷款、委托理财以及过桥贷款等方式参与影子银行业务，成为影子信贷市场的资金配置者。

　　非金融部门成为继银行、证券和保险等正规金融机构，小额贷款公司、融资担保公司和资产管理公司等各类准金融机构之后，又一个重要而特殊的影子银行业务参与主体。非金融企业影子银行化实际上属于企业金融化的范畴，但影子银行高杠杆、高风险、法律

---

　① 资料来源：Wind 数据库。

主体信用不明确等特点,使得企业影子银行化行为有别于其购买股票、债券等传统金融产品的金融资产投资行为。一方面,相较于金融机构,企业部门在信用风险的有效识别、客观评估和及时应对方面的能力较差,影子银行的顺周期、高杠杆和高风险的特点必然会对企业的微观经营绩效和经营风险产生影响。另一方面,非金融企业将过多的精力和资源投入影子信贷市场,必然会导致生产经营和创新活动受到抑制,加剧产业空心化和经济"脱实向虚"趋势,从而对社会福利水平和宏观经济的平稳运行造成负面影响。因此,关注非金融企业的影子银行化活动,考察非金融企业影子银行化的业务模式,提出企业影子银行规模的测算方法,探究非金融企业影子银行化的影响因素和经济效应,对于重新审视多元化影子信贷市场,完善现有影子银行规模测算体系,抑制非金融企业影子银行化规模的肆意扩张,以及实现宏观经济的长期平稳的发展具有重要的理论和现实意义。

为了进一步补充和完善现有对影子银行体系的研究,本书遵循从理论分析到经验分析,再到政策建议的研究思路。首先,对非金融企业影子银行化的概念进行界定,剖析非金融企业影子银行化的内在机制,并且在现有文献研究的基础上,提出了非金融企业影子银行化动机的引致因素和经济后果。其次,利用沪深两市上市公司的数据,实证分析非金融企业影子银行化的微观经济效应,即对经营绩效和经营风险的影响。再次,从宏观层面探究银行信贷歧视下非金融企业影子银行化行为对社会产出水平的影响,以及金融错配对企业影子银行化行为的影响机制。最后,提出抑制企业过度影子银行化、防止产业空心化、促进金融重新回归实体经济的政策建议。

本书研究结论包括以下几个方面。其一,非金融企业主要通过委托贷款、委托理财和民间借贷等"实质性信用中介"模式,以及购买银行理财产品、证券公司理财产品、结构性存款、私募基金等类金融产品的"间接影子信贷市场链条"方式参与影子银行活动。其二,非金融企业影子银行化规模会受到外部融资能力、金融与实体经济收益率之差、宏观经济环境和微观企业异质性因素的影响。其三，非金融企业影子银行活动整体上会提高企业经营绩效，从盈利结构上看会增加金融收益，而降低经营性收益，其中，"投资挤出效应"对经营收益的负面影响大于"效率提升效应"对经营收益的正向影响。其四，非金融企业影子银行化会增加经营风险。当企业通过将委托贷款、委托理财和民间借贷方式作为"实质性信用中介"向资金需求方融出资金时，借款方的还款风险将会通过"会计账户传导机制"传递到贷款方，从而增加企业经营风险；如果企业通过购买各类影子信贷产品间接参与到"体制内影子银行体系"的信用链条中，金融市场风险将会通过"系统性风险联动"机制传递到企业，加剧企业经营风险。其五，银行信贷歧视是导致非金融企业影子银行化行为的主要原因，并且只有在融资劣势企业生产效率高于影子信贷市场利率的情况下，以国有企业等融资优势部门为代表的企业影子银行化现象才会存在，从而促进整个社会产出水平的提高。其六，金融错配程度的提高整体上会加剧企业影子银行化趋势，并且这种效应存在地区和企业层面的异质性。中介效应检验发现，金融错配主要通过融资约束程度和实体投资规模，而非资本回报率渠道作用于企业影子银行化行为。其七，监管部门现阶段出台的一系列从银行、证券等主流金融机构资产端限制影子银行活动的政策，很难从根本上抑制非正规信贷市场的肆意发展。消除信贷歧视，实现金融资源的高效配置，大力发展直接融资市场，并且完善监管部门的穿透性监管和财务报表披露机制，可以从根本上抑制非金融企业影子银行化趋势，促进金融重新回归服务实体经济的初衷。

本书主要包括六章的内容，本书框架安排如下。

第一章分析选题背景和研究意义。首先在杠杆率高企、金融资产投资乱象和实体投资率下滑的背景下，提出非金融企业影子银行化这一研究问题及其研究意义；然后对影子银行体系的界定、规模测算、驱动因素、对我国经济运行的影响，以及企业开展影子银行业务的模式、动机和影响等相关文献进行系统、全面的梳理，并且对现有文献研究的贡献和不足进行客观评述，进而提出本书的研究内容、研究思路与研究方法；最后说明与已有研究相比，本书的创新点、可能存在的不足和后续的研究方向。

第二章研究非金融企业影子银行化的理论机制分析。首先对非金融企业影子银行化概念进行界定；其次，归纳非金融企业影子银行化的业务模式；再次，剖析非金融企业影子银行化动机的引致因素；最后，分析非金融企业影子银行化的经济后果。

第三章分析非金融企业影子银行化的影响因素。首先，从外部融资能力、金融收益率与实体收益率之差。外部宏观经济环境和微观企业异质性的视角，阐释企业影子银行化的影响因素，提出对应的研究假设。其次，构建实证模型，利用我国上市公司数据对非金融企业影子银行化的影响因素进行实证检验。再次，相较于非僵尸企业和非国有企业，进一步探究僵尸企业和国有企业的影子银行化规模对外部融资能力、金融收益率与实体收益率之差变动的敏感性。最后，根据本章的研究结论，为监管部门规范企业投融资行为，抑制影子银行体系的肆意发展，促进宏观经济的平稳运行提供政策指引。

第四章分析非金融企业影子银行化的微观经济效应，探究非金融企业影子银行化对经营绩效和经营风险的影响。本章从整体上和盈利结构上分析非金融企业影子银行化对企业经营绩效的影响，并且采用中介效应模型，从投资规模和投资效率角度探究企业影子银行活动对经营收益的作用机制。对于非金融企业影子银行化与经营风险之间的关系，首先，从理论角度剖析非金融企业影子银行化对经营风险的影响，以及企业以不同模式参与影子银行业务的情况下，风险在企业部门之间和企业部门与金融市场之间的传染机制。其次，利用我国上市公司的数据，采用面板固定效应和交互项回归方法，对非金融企业影子银行化与经营风险之间的传导机制进行实证检验。最后，提出建立风险隔离机制，防范系统性风险以及促进金融稳定的政策建议。

　　第五章分析非金融企业影子银行化的宏观经济效应。本章探究银行信贷歧视下非金融企业影子银行化对社会产出水平的影响，以及金融错配、非金融企业影子银行化与经济"脱实向虚"三者之间的关系。对于银行信贷歧视、非金融企业影子银行化与产出增长的研究，首先，构建包括银行信贷歧视的两部门模型，从理论层面分析非金融企业影子银行化产生的机理，并且在基准模型上逐渐放宽假设，进一步考察了在不同假设条件下，融资优势部门和融资劣势部门之间的资金融通行为、各自的产出水平、利润函数以及整个经济总产出的变化；其次，利用我国非金融类上市公司数据实证检验银行信贷歧视对以国有企业为代表的融资优势企业影子银行化规模的影响；再次，利用省级面板数据采用 PVAR 模型，探究了非金融企业影子银行化行为对产出增长的影响；最后，提出消除信贷歧视、完善实体投资环境以及加快金融领域供给侧改革等政策建议。对于金融错配与非金融企业影子银行化的研究，首先，从金融错配的视角，分析金融资源的非效率配置对企业影子银行规模的影响渠道，并且提出对应的理论假设；其次，采用面板固定效应模型和中介效应模型对金融错配与企业影子银行化之间的关系和影响机制进行实证分析；最后，进一步探讨非金融企业影子银行化对经济"脱实向虚"的影响。

　　第六章是结论与政策建议。在文献梳理、理论机制分析和经验分析的基础上，提出了非金融企业影子银行化的业务机制、影响因素以及宏微观经济效应。在研究结论的基础上，提出抑制企业过度影子银行化，降低金融与实体部门风险联动性以及防止经济"脱实向虚"的政策建议。

　　关键词：非金融企业影子银行化；银行信贷歧视；金融错配；中介效应；倾向得分匹配倍差法；双重差分法

Abstract

With China's economy entering a structural adjustment stage, the problems of market demand shrink, excessive traditional industry over-capacity and zombie enterprises disposal have become increasingly prominent. However, under the background of long – term weakness of the real economy and declining of entity investment return rate, financial sector has shown a rapid growth trend, which is deviated from the real economy. On one hand, finance has been gradually alienated from the original intention of serving entity economy through financial innovation, product nesting and other ways in order to break through financial supervision, conceal the nature of financial transaction, and make capital idle within the financial system. On the other hand, entity sector has deviated from the main business, and engaged in stocks, bonds and other quasi financial asset investment activities under high margin interest of financial industry, which has aggravated industry hollowing trend. According to Wind statistics, 767 listed companies have bought bank financial products, security company financial products, trust loans, private equity funds and other quasi financial products in 2016, and total sum has arrived 726. 876 billion yuan. Under the background of credit discrimination, undeveloped capital market and insufficient financial supervision, more and more non – financial enterprises take advantage of diversified financing channels to finance funds from financial intermediary and capital market, and then engage in shadow banking activities through entrusted loans, entrusted financial products, bridge loans and other ways, which have became the configurator of shadow credit funds.

Non – financial sector has become an important and special participant of shadow banking system after banks, security companies, insurance companies and other formal financial institutions, small loan companies, financing guarantee corporations, asset management corporations and other quasi financial institutions. Non – financial enterprises' shadow banking activities belong to the category of enterprises' financialization, but the characteristics of high leverage, high risk and unclear legal credit subject of shadow banking have made enterprises' shadow banking activities different from stock, bond and other traditional financial asset investment behavior. On one hand, compared to financial institution, enterprise sector has poorer ability in terms of effective recognition, objective evaluation and timely response of credit risk, and the characteristics of pro – cyclicality, high leverage and high risk of shadow banking system will inevitably have impact on micro enterprises' operating performance and operating risk. On the other hand, non – financial enterprises have devoted too much energy and resources into shadow credit market, which will inevitably lead to the inhibition of production and innovation activities, aggravate industry hollowing and economy from becoming divorced from reality, and thus have a negative effect on social welfare level and macro – economy stability. As a result, this book pays attention to non – financial enterprises' shadow banking activities, explores the business model of non – financial enterprises' shadow banking activities, puts forward calculation method of enterprises' shadow banking, and researchs the influence factors and economic performance of enterprises' shadow banking activities, which will have important theoretical and practical significance on re – examining diversified shadow credit market, improving existing shadow banking estimation system, restraining excessive expansion of enterprises' shadow banking scale, and realizing long – term steady development of macro – economy.

In order to further complement and perfect the existing research on shadow banking system, this book follows research method of from theoretical analysis to empirical analysis, and then to policy recommendations. This book firstly defines the concept of non – financial enterprises' shadow banking activities from the theoretical level, explores the internal mechanism of enterprises' shadow banking business, and based on the basis of existing literature research, puts forward the motivation contribution factors and economic results of enterprises' shadow banking activities. Secondly, using listed companies' data in Chinese Shenzhen and Shanghai Stock Market, thisbook analyzes the micro – economic effect of enterprises' shadow banking business, that is, the impact on operating performance and operating risk. Then, thisbook explores the effect of non – financial enterprises' shadow banking activities on output growth under the background of bank credit discrimination, and the influence mechanism of financial mismatch on non – financial enterprises' shadow banking activities. Finally, thisbook puts forward policy recommendation of restraining enterprises' excessive shadow banking behavior, preventing "Industry Hollowing" trend, and promoting finance return to real economy.

The study results conclude that, firstly, non – financial enterprises engage in shadow banking business mainly through "Substantial Credit Intermediary" model of entrusted loans, entrusted financial products and private lending, and "Indirect Shadow Credit Participation" means of buying bank financial products, security company financial products, structural deposits, private equity funds and other quasi financial products. Secondly, enterprises' shadow banking activities will be affected by external financing ability, the difference between financial yield rate and entity economy investment yield rate, macroeconomic environment and micro enterprise heterogeneity factors. Thirdly, overall, enterprises' shadow banking activities will improve operating performance. In addition, from the perspective of earning structure, non – financial enterprises' shadow banking business increases financial benefits, but has a significantly negative effect on operating income. Among them, the negative effect of investment crowding out on operating income is greater than that of efficiency – improving effect on operating income. Fourthly, non – financial enterprises' shadow banking activities will increase operating risk. When enterprises acting as substantial credit intermediary through means of entrusted loans, entrusted financial products and private lending finance funds for capital demanders, the borrower's repayment risk will transmit to the lenders through "Accounting Account Conduction" mechanism, thus increase operating risk. When enterprises indirectly participate in shadow credit market chain through purchasing shadow credit products, financial market risk will be transferred to enterprise through "Systematic Risk Linkage" mechanism, and thus aggravate business risk. Fifthly, bank ownership discrimination is the main reason of non – financial enterprises' shadow banking activities, and only in the situation of financing disadvantage enterprises' production efficiency is higher than shadow credit market interest rate, financing advantage departments' shadow banking activities represented by state – owned enterprises will exist, and thus promote the improvement of the whole social output level. Sixthly, financial mismatch promotes enterprises' shadow banking activities, and the effect has regional and enterprise heterogeneity. The mediator effect test finds that financial mismatch acts on enterprises' shadow banking activities mainly through financing constraints and entity investment scale, but not capital return rate channel. Seventhly, a series of policies of restraining shadow banking activities from the asset side of bank, security and other mainstream financial institutions issued by the regulatory authority sector are difficult to curb excessive development of informal credit market. The polioy recommendations are to eliminate credit discrimination, achieve efficient allocation of financial resources, develop direct financing market, and perfect the penetrating supervision of disclosure mechanism of financial statements, thereby eliminating enterprises' excessive shadow banking behavior, and promoting finance return to the original intention of servicing real economy.

This book mainly includes the contents of six chapters. The framework is as follows.

The first chapter is research background and research significance. It firstly puts forward research problem of non – financial enterprise and research significance under the background of high leverage rate, financial asset investment chaos, and entity investment rate decline. Then it sorts out the relevant literatures of the emergence, scale estimation, driving factors and the economic operation of shadow banking system, makes objective comments on the contributions and shortcomings of existing literature research, and thus puts forward the research contents, research ideas and research methods. Finally, it illustrates the outstanding innovation and possible shortcomings of this research compared with the existing research and following research area.

The second chapter is the theoretical mechanism analysis of non – financial enterprises' shadow banking activities. It firstly defines the concept of non – financial enterprises' shadow banking business. Secondly, it summarizes the business mode and estimation method and driving factors of enterprises' shadow banking activities. Finally, it analyzes the economic results of enterprises' shadow banking business.

The third chapter is influencing factors analysis of non – financial enterprises' shadow banking activities. It firstly analyzes the influence factors of enterprises' shadow banking activity from view of financing structure, the difference between financial return rate and entity return rate, external macroeconomic environment, and micro firm heterogeneity and puts forward corresponding research hypothesis. Secondly, it constructs empirical model, and does empirical analysis of influencing factors of enterprises' shadow banking activities by taking advantage of listed companies' data. Then, it further explores zombie enterprises and stated – owned companies' shadow banking scale change sensitivity to external financing capability and difference between finance yield rate and entity yield rate, compared to non – zombie enterprises and non – stated owned enterprises. Finally, according to the conclusions of this chapter, it provids policy guidance for the regulatory authorities to standardize enterprises' financing and investment behavior, restrain excessive development of shadow banking system, and promote smooth operation of macro economy.

The fourth chapter is the microeconomic effect of non – financial enterprises' shadow banking activities, which explores the impact of non – financial enterprises' activities on operating performance and operating risk. This part analyzes the impact of non – financial enterprises' shadow banking scale on operating performance from the view of overall and profit structure. Then it uses mediator effect model to explore the mechanism of enterprises' shadow banking activities on operating income from investment scale and investment efficiency. To study the relationship between non – financial enterprises' shadow banking business and operating risk, it firstly explores the impact of enterprises' shadow banking activities on operating risk and the risk contagious mechanism if enterprises participate in shadow banking activities under different models from the theoretical view. Then it taks advantage of listed companies' data, and uses panel fixed effect model and interactive regression method to do empirical test of transmission mechanism between enterprises' shadow banking activity and operating risk. Finally, it gives the policy suggestion of perfecting risk isolation mechanism, reducing systemic financial risk, and promoting financial stability.

The fifth chapter is the macroeconomic effect of non – financial enterprises' shadow banking activities. This chapter explores the effect of non – financial enterprises' shadow banking activities on output level under the view of bank credit discrimination, and the relationship among financial mismatch, non – financial enterprises' shadow banking activities and economy from becoming divorced from reality. For the study of bank ownership discrimination, non – financial enterprises' shadow banking activities and output growth, this part firstly constructs two – sector model concluding bank discrimination to analyze the generating mechanism of non – financial enterprises' shadow banking business from theoretical level, and then gradually relaxes the assumption based on the benchmark model, and further investigates the fund financing behavior, respective output, profit function and overall economic output between financing advantage sector and financing disadvantage sector. Next, it uses China's non – financial listed companies' data to empirically test the impact of ownership discrimination on financing advantage departments' shadow banking trend represented by state – owned companies. Then, it takes advantage of provincial panel data and PVAR model to explore the influence of non – financial enterprises' shadow banking activities on output growth. Finally, it puts forward policy recommendations of eliminating credit discrimination, improving entity investment environment and accelerating the supply side reform in financial area. For the research between financial mismatch and non – financial enterprises' shadow banking business, the paper firstly analyzes the influence mechanism of inefficient allocation of financial resources on enterprises' shadow banking scale from the view of financial mismatch and puts forward corresponding theoretical hypothesis. Then it uses panel fixed effect model and mediator effect model to do empirical analysis between the relationship of financial mismatch and enterprises' shadow banking activities. Finally, it further explores the impact of non – financial enterprises' shadow banking business on economy from becoming divorced from reality.

The sixth chapter is the conclusion and policy suggestion part. Based on literature review, theoretical mechanism analysis and empirical tests, it creatively proposes the business mechanism, influence factor, and macro and micro economic effect of enterprises' shadow banking activities. Finally, it puts forward the policy recommendations of curbing enterprises' excessive shadow banking behavior, reducing risk linage between financial and real sectors, and preventing economy from becoming divorced from reality.

Keywords: non – financial enterprises' shadow banking activities; bank credit discrimination; financial mismatch; intermediary effect; propensity score matching; DID method

目　　录

Contents

第 一 章

导　　论

　　当前虚拟经济快速膨胀和实体经济长期疲软的结构性矛盾日益凸显。随着我国经济增长进入新常态，实体投资率下降，越来越多的实体部门将人力资本和金融资源从主营业务中抽离出来，开始从事股票、债券、金融衍生品以及类金融资产投资活动。我们关注到，具有融资优势的企业部门，开始通过委托贷款、委托理财、民间借贷以及购买各类影子信贷产品的方式参与影子银行业务，加剧了非金融企业影子银行化趋势。企业部门承担着物质生产、技术创新和吸纳就业等职能，过度从事高风险、高杠杆的影子银行业务必然会对企业的经营状况、实体投资水平和系统性金融风险造成一定的冲击。因此，关注非金融企业的影子银行业务，剖析非金融企业影子银行化的内在机制、影响因素和经济效应，对于抑制非正规信贷体系的肆意发展、防止产业空心化以及促进宏观经济平稳运行具有重要的理论和现实意义。本章将主要介绍本书的选题背景和研究意义、已有文献研究的贡献和不足、本书研究内容和拟解决的问题、研究思路和研究方法，以及创新点、可能存在的不足和后续的研究方向。

第一节 选题背景与研究意义

一 选题背景

近年来，非金融企业杠杆率高企、金融资产投资乱象以及实体经济投资率下滑等经济问题频发，经济"脱实向虚"问题受到广泛关注。一方面，金融行业挣脱实体投资长期低迷的泥淖，金融部门的规模、利润、影响力扩大以及对经济增长和吸纳就业的贡献不断提高，经济金融化趋势逐渐增强。另一方面，实体部门的生产性投资和技术创新意愿在逐步减弱。在金融行业高额利差和实体投资机会较少的双重作用下，实体部门也开始热衷于股票、债券和各类金融资产投资活动，进而导致企业利润组成结构中，来自金融资产投资活动的比重逐渐提高，原有主营业务对经营绩效的提升作用日趋减弱。据统计，仅2014年上半年，沪深两市发生了近800笔委托贷款，共涉及180家上市公司，委托贷款金额高达1026亿元，其中60笔贷款流向了房地产行业及地方国资平台。① 值得我们关注的是，非金融企业不仅将闲置资金投资于股票、债券等传统金融产品，越来越多的企业以充当实体中介或者间接参与金融机构类影子银行信用创造链条等方式，不断将资金配置到影子信贷市场。非金融企业部门成为继银行、证券、保险等主流金融机构，以及小额贷款公司、融资担保公司、典当行等准金融机构和商会、合会等民间借贷体系之后的又一特殊的影子银行体系参与主体。

2007年美国次贷危机的爆发，"影子银行"的概念进入我们的视野。近年来，我国影子银行体系呈现高速、多元化发展态势。据穆迪测算，截止到2016年底，我国影子银行规模高达64.5万亿元，

---

① 资料来源：Wind数据库。

同比增长21%。FSB（2011）将"影子银行"定义为："游离于正规金融体系之外的非传统信用中介形式。"类似地，我国监管部门也将"影子银行"界定为"传统银行体系之外的信用中介、机构和业务"。影子银行高杠杆、高风险和信贷顺周期性等特点，使得其对货币政策有效性、金融体系稳定性以及宏观经济平稳发展造成负面的影响。相较于发达国家以"资产证券化"为核心的业务模式，我国影子银行体系可以划分为体制内产品创新和体制外机构衍生两种业务模式。体制内产品创新主要包括商业银行理财产品、银信合作、银基合作、资产管理计划、券商集合理财、资产证券化产品和信用缓释工具等。体制外机构衍生模式主要包括小额贷款公司、融资担保公司、典当行、投资公司、私募股权基金、风险投资基金等准金融机构，以及民间商会、民间合会、互联网金融和地下钱庄等民间金融体系。目前，国内外学者对上述两种类型的影子银行体系的研究成果已经比较丰富，但是少有学者关注到非金融企业影子银行化行为，并对其展开全面、深入的研究。党的十九大报告中明确指出，我国要深化金融体制改革，增强金融服务于实体经济的能力，健全货币政策和宏观审慎政策双支柱调控框架，完善金融监管体系，守住不发生系统性风险的底线。随着影子银行所代表的非正规金融体系的信用创造活动占社会融资规模的比重不断攀升，游离于监管之外的借贷行为对货币政策调控、系统性金融风险防范以及实体产出等各个方面也带来了未知的挑战。因此，全方位把握我国影子银行体系的多元化参与主体，完善影子银行体系测算方法和风险测算模型，对于降低系统性金融风险的发生，维持金融系统的稳定，促进实体经济的平稳发展具有非常重要的意义。

从广义层面上看，企业部门的影子银行活动实际上属于"企业金融化"的范畴。随着我国经济全球化和金融市场化进程的推进，金融部门也开始偏离服务实体经济的初衷，通过过度金融创新和产品嵌套等方式，不断将资金配置到金融体系内部，金融资本没有流入实体经济。"金融化"既可以从宏观层面上界定为金融行业的规模和影响力逐渐提高，也可以理解为微观主体表现出金融部门或金融产品的特性、与金融行业的联系不断加深等方面（张成思和张步昙，2015）。我们注意到，在我国经济金融化的背景下，越来越多的企业不断将资金用于金融投机活动，而非用于购买固定资产、无形资产等长期资产的支出。非金融企业的金融化行为必然会导致企业的生产经营活动和技术创新行为受到抑制，利润积累来自金融渠道的比重提高，产业空心化趋势加剧。2017 年政府工作报告中提出实体经济从来都是我国发展的根基。第五次全国金融会议，也进一步强调了一切经济发展都应以服务实体经济为导向，要加强金融领域的供给侧改革，实现穿透式监管，以防范"黑天鹅"和"灰犀牛"事件引致的系统性风险的发生。

目前，国内外对影子银行的界定、成因和影响等方面的研究较多，但是较少有学者关注到非金融企业影子银行化现象。非金融企业作为影子银行体系的又一特殊且重要的参与主体，从事高风险、信用链条复杂以及法律主体不明确的影子银行业务必将对其经营状况、生产创新行为以及社会福利水平带来一定的影响。那么，非金融企业影子银行化的内在机制是什么？哪些因素推动并且决定了企业的影子银行化行为？非金融企业的影子银行化对其自身经营状况、实体投资和经济总产出有何影响？随着我国实体经济疲软、僵尸企业处置以及经济"脱实向虚"等问题日益凸显，关注非金融企业影子银行化行为，剖析非金融企业影子银行化的业务机制，并且探究非金融企业影子银行化的影响因素和宏微观经济效应，对于重新审视多元化影子银行体系，抑制经济"脱实向虚"和防范系统性金融风险具有重要的理论和现实意义。

二　研究意义

近年来，我国影子银行业务发展迅速，成为现有金融体系中不可或缺的组成部分。影子银行具有信用创造、流动性转换和期限转换的功能，在一定程度上能够纠正银行信贷歧视引致的信贷资源初次配置不均的状态。影子银行体系通过为民营企业和中小企业提供资金支持，能够改善信贷资源分布失衡状况，缓解中小企业融资难问题，进而促进产出和消费水平的提高。然而，影子银行体系高杠杆、信息不对称程度较高和游离于监管之外的特点，使得其对货币政策有效性、金融稳定和经济增长等方面也会带来一定的冲击。国内外学者对影子银行体系的关注点大多集中于银行表外业务、银信合作、银证合作、银基合作等通道业务，以及小额贷款公司、融资担保公司、民间商会、合会等准金融机构类影子银行参与主体。较少有学者对非金融企业影子银行化这一问题进行深入研究。非金融企业影子银行化，必然会对其投融资活动产生影响，甚至会进一步加剧信贷资金配置失衡的现状，增强实体部门与金融市场之间的风险传染效应，加剧产业空心化趋势，从而对宏观经济的长期、可持续发展带来负面影响。因此，准确识别非金融企业的影子银行化活动，探究非金融企业影子银行化的业务模式和影响因素及其对微观企业行为和宏观经济运行的影响尤为重要。

（一）理论意义

本书创新性地提出"非金融企业影子银行化"的概念，跳出了现有文献局限于以银行表外业务、银证合作、银信合作等金融产品为代表的体制内产品创新型影子银行机构的框架，形成以小额贷款公司、融资担保公司、典当行和民间商会、合会等体制外机构类创新为主体的研究视角，关注非金融企业的影子银行化活动。以非金融企业部门的影子银行化现象为切入点。首先，从理论层面对非金融企业影子银行化的概念进行界定，系统性地阐释了企业部门参与影子银行业务的模式、动机的引致因素以及经济后果。其次，从经验层面分析非金融企业影子银行化对微观企业经营绩效和经营风险的影响。再次，采用面板固定效应模型和中介效应检验方法，研究银行信贷歧视背景下，非金融企业影子银行化对产出增长的影响，以及金融错配对非金融企业影子银行化的作用机制。最后，提出从根源上抑制企业过度影子银行化、降低系统性金融风险以及促进金融回归实体经济的政策建议。

从理论层面上看，本书创新性地提出了非金融企业影子银行化的概念，为研究提供了一个相对完善的理论分析框架，对影子银行体系研究做出了有益的补充，具体体现在以下几个方面。其一，本书关注到了企业部门的影子银行化行为，并且阐释了非金融企业影子银行化的业务模式，对于重新审视影子银行体系多元化参与主体、剖析非金融企业影子银行化的内在机制具有积极的意义。其二，本书在非金融企业影子银行化理论机制分析的基础上，提出了非金融企业影子银行化规模的测算方法，从而完善了现有影子银行规模的测算体系。其三，本书进一步从经验层面分析了非金融企业影子银行化的影响因素和经济效应，为其提供了一个相对全面、系统的经济学分析框架。

（二）现实意义

本书在分析非金融企业影子银行化的内涵和业务模式的基础上，创新性地提出了非金融企业影子银行化规模的测算方法。通过理论模型推演、研究假设提出以及经验模型构建，实证检验非金融企业影子银行化对微观经营绩效和经营风险的影响，并且从银行信贷歧视和金融错配视角阐释了非金融企业影子银行化的产生机理，以及其对产出增长和经济"脱实向虚"的影响。本书的研究有助于监管部门更为全面、深入地把握我国影子银行体系的多元化参与主体、规模水平以及其对宏观经济运行的影响，从而为金融监管部门消除由信贷歧视引致的金融漏损现象、降低金融服务重心以及加强金融监管提供决策参考。

第二节　相关文献研究

本节将对现有关于影子银行体系、非金融企业影子银行化的国内外相关文献进行系统性的梳理与客观评述，并且通过对已有研究观点和研究结论的分类归纳与总结，从而为本书研究视角、研究思路、研究方法和研究内容提供一定的启示和借鉴。纵观已有影子银行体系的研究，研究视角大多集中于正规金融机构和准金融机构的影子银行活动，较少有文献关注到非金融企业影子银行化行为。本节将对影子银行的界定、规模测算、影响因素、对宏观经济运行的影响，以及非金融企业开展影子银行业务的模式和影响等方面的文献进行梳理和客观评述。

一 影子银行体系的界定、规模和影响

近年来，金融产出与 GDP 的占比逐年提高，经济金融化趋势日益增强。我们注意到，金融体系的快速扩张与我国影子银行体系的高速发展密切相关。影子银行通过表外转移、杠杆叠加和结构性嵌套等方式，扩张了我国的货币和信用创造规模，增加了金融机构之间资产负债的关联程度，进而对金融体系的稳定带来了负面影响。2017 年开始，监管部门开始对银行理财业务、买入返售业务、委外业务以及银信合作、银保合作等通道业务进行规制。随着我国监管措施的相继出台，影子银行体系的业务模式和发展趋势也将受到一定的冲击。在党的十九大报告中明确提出了防范系统性金融风险、降低金融部门的杠杆率以及促进金融服务于实体经济的目标。因此，控制我国影子银行体系的肆意发展，防范影子银行体系引致的系统性金融风险集聚，是"控风险、降杠杆"的重中之重。

(一) 影子银行体系的产生

1. 影子银行体系的界定

影子银行的概念最早由太平洋管理公司的执行董事 Paul McCulley 提出，其定义为"一整套被杠杆化的非银行投资渠道、载体与结构"。2008 年，曾任美国财长的盖特纳指出，游离于监管和货币政策直接调控之外的，与传统银行系统相平行的非银行运营的融资安排即影子银行体系。货币市场共同基金对储蓄存款的分流、资产证券化带来的银行资产表外转移以及回购协议下的信贷活动货币化，

是影子银行的三项核心制度安排（Gorton and Metrick，2010）。Pozsar 等（2010）提出，影子银行系指未进入中央银行再贴现窗口的，并且能够提供不同执行期限、信用水平和流动性转换功能的金融中介。FSB（2011）将影子银行定义为："游离于正规金融之外的非传统信用中介形式。"目前，国内外对于影子银行的界定没有达成共识，但其本质上是一种信用创造活动（Pozsar et al.，2013）。IMF 总结了学术界关于影子银行的三个标准：其一，从参与实体来看，影子银行是平行于传统商业银行，从事借短贷长、高杠杆信用创造活动的实体（李建军和薛莹，2014；Acharya et al.，2013），具有期限转换和流动性转换的功能，但其游离于监管之外且缺乏中央银行流动性支持（Gennaioli et al.，2013；Pozsar et al.，2013）。其二，从金融活动来看，影子银行通过信贷业务表外转移、延长信用链条和金融创新等方式，从事货币创造或者信用转换活动（孙国峰和贾君怡，2015）。其三，从金融创新角度来看，影子银行系指资产证券化和资金回购市场（Gorton and Metrick，2012；Recruiting，2012）。金融危机调查委员会提出，影子银行系指"从属于银行类似的金融活动，但游离于监管之外的非银行金融实体"。王浡力和李建军（2013）从监管、机构和功能三个层面，将影子银行界定为游离于监管之外，持有复杂衍生工具，并且具有信用转换、期限转换和流动性转换功能的信用中介。

2. 影子银行体系的业务模式

我国影子银行体系是对银行贷款业务的转移，本质上是银行信贷的替代品，并不涉及复杂的衍生品和结构化金融产品，其中制度创新多于产品创新（周莉萍，2012）。与发达国家以资产证券化为核心的影子银行业务模式不同，我国影子银行体系根植于商业银行，几乎所有类型的影子银行机构、业务模式和资金流向都与商业银行存在密切的联系（李丛文和闫世军，2015）。何平等（2017）基于我国影子银行体系的特点，将影子银行界定为"行使商业银行职能，但是存在监管缺失或监管不足的金融机构或金融产品"。中国影子银行体系的发展，无论是委托贷款、银信合作、信托贷款、买入返售和同业代付等传统影子银行业务，还是近几年兴起的资产管理计划、信托收益权和过桥贷款，在交易双方和产品结构上虽然存在差异，但是在资金来源和资金流向上都分别对应商业银行以及房地产行业和地方政府融资平台等无法从银行获得贷款的主体。我国影子银行体系的发展根据其主导业务模式的不同可以划分为两个阶段。2008年到2013年是影子银行发展的第一个阶段，银行通过发行银行理财募集资金，转而再通过证券公司、基金公司、保险公司业务通道，投向信托收益权、票据资产等非标资产。2013年银监会8号文的出台，导致"理财产品—通道业务—非标资产"模式的影子银行业务受到抑制。2014年以后为第二个阶段，"同业业务—委外投资—标准化资产"成为银行开展影子银行业务的主要模式。美国影子银行体系主要由抵押、证券化和回购市场组成，资产证券化和担保债务凭证等手段使得信贷资产从表内移出，并且通过同业回购协议吸收大量低成本短期资金，融通发行的证券化资产，反过来又能以资产支持证券作为抵押物，放大金融杠杆，从而形成了一个脆弱性较强、容易受到外界冲击的闭环（Gorton and Mtrick，2012；裘翔和周强龙，2014）。

相较于美国等资本市场发达国家以资产证券化、货币市场基金、回购以及结构性投资实体等为核心的影子银行体系，我国影子银行体系既包括银行非保本理财、券商理财、资产管理计划、信托计划、委托贷款等正规金融机构发行的类金融产品，也包括小额贷款公司、融资担保公司、典当行、民间商会及合会、互联网金融以及民间借贷等不持牌、监管不足或不持牌、无监管等类金融机构的信用中介活动。缘于金融生态的差异，影子银行体系在演进过程中形成了两种主要模式。一是银行的表外业务，即商业银行为了规避监管，通过买入返售、同业业务和以证券公司、保险公司、信托公司和基金公司等为通道，投资于资产管理计划、信托收益权转让等非标资产的"类贷款"业务；二是传统的影子银行，系指在银行以外的金融机构开展的信用创造活动，主要包括信托公司、证券公司、基金公司等正规金融机构不作为通道发行的信托贷款、券商理财和资产管理计划等准金融资产，以及小额贷款公司、融资担保公司、典当行等准金融机构的贷款行为（孙国峰和贾君怡，2015）。方先明和权威（2017）认为，影子银行的发展过程中形成了以金融产品结构化链条衍生为手段、以资产证券化为核心和以资本市场占主导的模式，以及以商业银行为中心的模式。它们在商业银行的阴影下产生，作为正规信贷市场的有益补充。

3. 影子银行体系的功能

影子银行能发挥信用中介的职能，具有信用创造、流动性转换和期限转换的功能，但是其游离于传统银行业务或银行机构体系之外的实体特征和监管不足引致的风险特征，是其区别于正规信贷体系的根本原因（Reinhart and Rogoff，2008；王喆、张明和刘士达，2017）。影子银行体系回购市场的抵押交易和正反馈机制的长期主导作用，是导致影子银行呈现顺周期特征的主要原因（周莉萍，2013）。影子银行体系的资金来源、融资需求和信贷供给均具有顺周期性。其一，从资金来源角度来看，经济繁荣期往往伴随着通货膨胀水平的提高和银行存款收益率的下降，银行理财产品、信托收益权和资产管理计划等拥有更高收益率的影子信贷产品成为微观经济主体竞相选择的投资对象。经济上行阶段，居民收入水平的上升也会促进居民投资意愿的提高，影子信贷产品更容易从居民和企业部门募集资金，进而导致了影子银行规模的不断扩张。其二，从资金需求角度，在经济繁荣阶段，企业实体投资机会增加，中小企业和民营企业的融资需求增加，银行受到监管部门在信贷规模、贷款利率和风险管理等方面的限制，难以满足经济主体的融资需求，进而导致影子银行通过释放流动性来弥补正规金融体系信贷供求失衡的局面。其三，影子信贷供给也反映出顺周期的规律。在经济上行期间，银行贷款的违约率下降，影子银行体系会增加信贷供给。此外，在经济高速增长期间，国有大型企业内部现金流充裕，但缺乏良好的投资机会，从而会通过委托贷款的形式为中小企业等资金需求方融出资金，在一定程度上会放大影子银行系统的周期性行为（刘海明和曹廷求，2016）。利用2006—2016年相关数据，通过构建TVP-VAR模型的实证结果显示，信贷型影子银行体系总体具有顺周期的特点（方先明和权威，2017）。国内外也有学者通过在DNK-DSGE模型中引入影子银行部门，发现我国影子银行具有明显的逆周期特征，正向的利率冲击会抑制银行贷款活动，降低风险承担水平较低的企业的杠杆水平，但会导致影子银行规模的扩大和高风险企业的加杠杆行为（裘翔和周强龙，2014）。在我国金融抑制和利率管制的背景下，货币政策利率的提高使得监管套利和资产替换现象不断发生，影子银行系统的资产负债表向外扩张，同时杠杆率水平不断提高，即影子银行体系的发展呈逆周期发展规律（Funke et al.，2015）。

（二）影子银行体系规模的测算

影子银行所代表的银行表外和非银行金融机构所从事的信贷活动，在经济运行中的作用日益增强。据穆迪统计，截止到2015年底，我国影子银行规模高达53万亿元，占GDP的比重高达80%，其中理财产品、委托贷款、信托贷款和未贴现银行承兑汇票的规模分别为21.6万亿元、10.9万亿元、5.4万亿元和5.9万亿元，四项以商业银行为主导的信贷型影子银行规模占整个影子银行体系规模的82.6%。[①] 目前，国内外对于影子银行的界定和业务范畴没有形成一致的认知，并且小额贷款公司、融资担保公司、典当行等准金融机构以及民间金融借贷行为具有较强的隐蔽性，使得对于影子银行的测算陷入反复核算和部分数据不可得的困境。纵观已有文献，对影子银行的测算大致可以划分为两种思路。一是从机构角度，将各类影子银行子业务规模加总得到影子银行体系的规模。部分学者将委托贷款、委托理财和未贴现银行汇票规模加总来代表影子银行

---

① 资料来源：Wind 数据库。

规模（王振和曾辉，2014）。方先明和权威（2017）将社会融资规模扣除人民币贷款、外币贷款、企业债券和非金融企业境内股票融资作为影子银行的代理指标。李向前等（2013）使用委托贷款和信托贷款之和来衡量影子银行系统的规模。鉴于现有文献对影子银行体系的界定没有达成统一的标准，且这种方法没有对交叉业务进行剔除处理，因此，估算的结果与实际影子银行规模可能存在较大的偏差。二是从经济与金融的关系着手，从宏观层面测算正规影子银行体系的规模。基于经济与金融发展理论，采用国民经济核算和金融统计分析方法，从信贷需求角度测算我国影子信贷市场的规模（李建军，2010；Li and Han，2016；王擎和白雪，2016）。

（三）影子银行体系产生的驱动因素

目前，对于影子银行体系的快速发展，国内外学者分别从金融抑制、金融创新和监管套利、金融市场竞争以及货币政策等角度给出了解释。

1. 金融抑制导致了影子银行的快速扩张

我国长期处于金融抑制环境之中，金融过剩和资金供求失衡的结构性矛盾不断突出。与西方国家以资产证券化为核心、以金融创新为驱动因素的影子银行体系的演进历程不同，我国影子银行本质上是金融抑制的产物。正规金融体系的融资歧视使得信贷资源初次分配存在金融错配现象、资金供求失衡和资金配置低效问题并存，影子银行体系为满足融资主体的资金需求应运而生。影子银行产生于金融管制和"定向式"行政管制的大背景下（裘翔和周强龙，2014）。我国影子银行的产生可以从体制内生性因素和政府宏观调控两个方面分析。从体制内生性因素来看，金融机构绝对主导和国有商业银行寡占的市场结构使得银行在信贷资源的配置上存在严重的歧视性行为，信贷资金的非市场化配置导致所有制性质、抵押品价值和政府隐性担保不同的企业之间的外部融资能力也存在较大差异（Mckinnon，1973；王彦超，2014；Brandt and Li，2003；陆正飞、祝继高和樊铮，2009）。信息不对称和银行信贷歧视行为，在一定程度上推动了处于灰色监管地带的信贷型影子银行体系的发展（方先明和权威，2017）。一方面，国有企业能够以较低的成本从金融中介和资本市场融入超过其生产经营所需的资金，其内部流动性过剩；另一方面，中小企业难以通过公平、透明的渠道从正规金融机构获得融资，继而转向小额贷款公司、私募股权和民间金融等门槛较低的影子银行机构。从现实层面来考虑，政府对经济的过度干预也推动了影子银行体系的发展。2008 年国际金融危机以后，我国政府推出了四万亿元的经济刺激计划，使房地产泡沫和地方政府过度负债问题日益凸显。2009 年下半年，我国监管部门出台了一系列货币政策，以期逐步收紧银行向这两个领域投放的信贷资金总量（Chen et al.，2017）。商业银行出于降低坏账率的考虑，会通过银行理财、委托贷款和同业业务等较为隐蔽且游离于监管之外的影子银行业务，以期满足房地产行业和地方政府融资平台的融资需求，导致非银行金融机构、准金融机构和民间金融也不断向房地产部门和地方政府融资平台释放流动性（贾生华、董照樱子和陈文强，2016）。

利率管制也是金融抑制的一种重要表现形式。我国存款利率受到央行的长期管制，低存款利率使得储户有调整资产配置、投资于收益率更高的金融产品的动机。银行理财产品为满足投资者的需求应运而生。利率双轨制实则为信托贷款、银信合作和民间借贷等影子银行体系的发展提供了空间（王曼怡和张译文，2014）。金融抑制市场环境与经济体系不相匹配的金融体系结构、信贷资源配置和利率水平，是导致我国影子银行体系快速发展的原因（周启清、韩永楠和孙倩，2016）。

2. 金融创新、监管套利与影子银行

金融创新与监管套利贯穿于影子银行发展的整个历程，利润驱动和监管套利能够解释我国影子银行体系的演进逻辑（王喆、张明和刘士达，2017）。特别是 20 世纪 70 年代以来，货币政策目标与监管框架之间非一致性引致的金融创新行为，导致以资产证券化为核心的影子银行体系在美国等发达经济体快速发展（王达，2012）。商业银行的存贷款业务受到央行在法定资本充足率、贷款利率和风险拨备率等方面的限制，盈利空间较小。随着我国金融市场化和经济全球化进程的推进，金融业之间的竞争越来越激烈，银行、证券和保险等主流金融机构有开展金融创新以实现规避监管、提高利润水平的动机。

金融机构通过各种途径从监管要求较高的市场转移到存在监管套利空间的市场，以期获得超额利润的行为，导致了影子银行体系的产生（Acharya et al.，2013）。祝继高等（2016）利用2006—2012年的数据，从资金融出方的角度考察了商业银行影子银行业务的影响因素和经济后果，结论表明，商业银行从事影子银行业务的重要动机在于规避监管。Maddaloni 和 Peydro（2010）提出，影子银行实际上是商业银行为了规避巴塞尔协议中对银行资本充足率要求的一种监管套利行为。与发达国家基于证券化和组合化的影子银行业务模式不同，我国影子银行是在金融化程度较低和融资歧视的背景下，为规避金融监管以满足中小企业等融资劣势主体投融资需求的产物（刘珺、盛宏清和马岩，2014）。监管套利使得商业银行可以在满足监管要求的前提下，通过银行理财、非银行金融机构通道业务、资产证券化等方式将信贷活动转移到表外，从而达到扩大资产规模和提高资本收益率的目的。

3. 金融市场竞争加剧了影子银行发展趋势

国内外有的学者提出，金融市场竞争加剧是银行开展影子银行业务的驱动因素，并且银行面临的监管约束和竞争程度越高，对影子银行体系发展的促进作用越强（Ahn and Breton，2014；郭晔和赵静，2017）。金融业竞争程度的提高，通过特许权价值效应和利润边际效应两种渠道作用于正规金融机构的风险承担行为。银行通过资产证券化、发行信用缓释工具和各类收益权等方式从事影子银行活动，以弥补存款流失和贷款利率下降对利润的负面影响（郭晔和赵静，2017；Dell'Ariccia et al.，2012）。随着我国金融行业准入门槛降低、利率市场化的推进以及互联网金融的快速发展，金融机构之间竞争更为激烈。监管政策趋严和金融中介高度竞争，使得银行通过信贷业务表外转移、延长信用主体链条和过度金融创新等方式，开展影子银行业务（Hakenes，2010）。

4. 紧缩性货币政策推动影子银行的发展

目前，在我国紧缩性货币政策的背景下，影子信贷市场高额的投资回报率吸引了大量资金从传统信贷市场流入影子银行系统。我国影子银行体系成为紧缩性货币政策下流动性增加的源头所在（刘澜飚和宫跃欣，2012）。胡利琴等（2016）采用非对称 NARDL 模型和门限回归模型，实证检验了货币政策对我国影子银行规模和风险承担行为的影响，研究发现，长期紧缩性数量型调控政策和扩展性低利率政策会推动我国影子银行规模的扩张。在紧缩性信贷与货币政策约束下，小额贷款公司、典当行、融资担保公司、财富管理公司、互联网金融以及各类民间借贷机构等影子银行体系迅速发展（李丛文和闫世军，2015）。

（四）影子银行体系对我国宏观经济的影响

影子银行系统的发展使得我国经济运行机制发生了改变，货币政策传导机制和系统性金融风险传染机制也有别于以往。国内外很多文献，在分析影子银行体系业务模式的基础上，进一步考察了影子银行体系对货币政策、信贷资源配置效率、产出和消费以及金融稳定等方面的影响。

1. 影子银行对货币政策的影响

影子银行通过资产证券化、金融产品结构化以及非银行金融机构通道业务等方式，加快了信贷资产出表进程，进而扩大了银行体系的信用创造规模，这种高杠杆的运作机制构成了影子银行相对独立的货币供给机理，从而为货币政策工具的选择、货币政策的传导机制、货币政策的实施效果，以及央行货币政策的调控带来前所未有的挑战（蔡雯霞，2015）。影子银行实际上是金融机构利润追逐和监管套利的产物，其实际利率水平会干扰官方利率的制定，进而弱化甚至扭曲货币政策的传导机制。银行通过对贷款的包装、销售和转移，以"金融脱媒"的方式进行信用创造，必然会导致货币政策有效性的下降（李波和伍戈，2011；Chen et al.，2017）。近年来，银行间市场调集短期资金头寸的作用逐渐弱化，相反，银行间市场已然成为影子银行资金来源的主要场所。影子银行体系通过融资链条复杂化、产品设计结构化、抵押担保关系交叉化等途径与正规金融市场的联系更为紧密。因此，影子银行的信用创造行为必然会对货币市场的短期利率、社会实际融资规模总量以及广义货币的调控难度造成一定的冲击。利用 DNK － DSGE 模型，在金融中介体系中引入影子银行部门，结果表明，影子银行的逆周期行为会弱化央行的货币政策传导效应，这种效应在加息周期中得到更明显的反映（裘翔和周强龙，2014）。

从全球范围来看，影子银行体系独立于货币政策调控框架之外的特殊运行机制，将对我国货币供给量、货币政策有效性以及货币政策调控带来一定的冲击。影子银行体系对货币政策的影响主要体现在五个方面。其一，影子银行体系的存在给现有货币层次划分的合理性带来了疑虑，法定存款准备金率和公开市场操作等货币政策工具的有效性不断降低。其二，影子银行通过理财产品、银信合作和银证合作等方式将信贷资产移出表外，其融资替代性使得央行数量型货币政策调控的效果有所减弱。其三，影子银行会抬高整个信贷市场的均衡利率水平，弱化货币当局利率调控对实体经济的传导效果，导致货币政策调控难度增加。其四，影子银行高风险、高杠杆和期限错配的特点，会放大微观经济主体对金融市场波动的敏感性，通过影响资产价格的途径增强整个金融系统的敏感性，进而不利于货币政策调控。其五，影子银行产品结构复杂和信贷链条冗长的特点，使得货币政策传导过程中面临中间耗散和时滞的困境，进而会弱化货币政策执行效果。

2. 影子银行对信贷资源配置效应的影响

影子银行体系内生于我国金融抑制的市场环境，在一定程度上能够纠正银行信贷歧视引致的资本错配问题。然而,影子银行体系期限错配、高额融资成本以及运作透明度低的特点,也会导致影子信贷市场在资金二次配置的过程中容易面临中间耗散和资金空转的困境。目前,对于影子银行体系能否改善信贷资源的配置效率,国内外学者没有达成共识。我国金融中介主导和国有银行寡占的金融市场结构导致低息、优质的信贷资源大多流向了具有垄断性质的经济主体,金融密度在不同居民、地理、企业和产业部门之间存在较大差异(李建军和韩珣,2017)。影子银行通过金融产品和业务模式创新,有利于提高我国金融市场的活力,消除金融歧视和信贷垄断,完善金融资源价格形成机制,最终实现金融资源配置的帕累托改进。但是,也有学者提出相反的观点,认为我国影子银行体系的存在,使得信贷资金在金融机构之间反复流转,从而会提高企业的融资成本,并且降低资源配置效率(陆晓明,2014)。程小可等(2016)研究发现,影子银行能够缓解企业的流动性约束,并促进实体产出水平的提高,但是潜在的短期流动性供给和长期投资不匹配的特点,使得影子银行的发展对企业价值呈现负面影响。刘珺等(2014)关注了企业部门的影子银行活动,发现具有融资约束的企业利用其外部融资能力,从金融中介和资本市场融入超过其生产经营所需的资金,转而再通过委托贷款、委托理财、信托贷款和民间借贷等方式开展影子银行活动,会导致资本价格扭曲、信贷资金配置低效以及社会福利的损失。企业作为影子放贷机构向资金需求方融出资金的行为,一方面,能够缓解中小企业和民营企业的流动性约束,在一定程度上能够弥补正规金融机构初始金融资本扭曲配置的行为;另一方面,我国金融抑制和银行垄断的金融环境没有发生根本性的转变,企业部门之间基于影子信贷市场的"漏损效应"不仅会增加中小企业的融资成本,阻碍实体经济的发展,甚至难以避免地导致大量资金融出方的寻租行为,进一步加剧融资主体地位不平等现象。

3. 影子银行对产出和消费的作用机制

影子银行体系的发展也会影响消费、产出和增长水平。影子银行体系作为正规信贷体系之外的、不受存贷比约束和监管限制的二次资源配置方式，在一定程度上扩展了原有金融服务的边界，提高了派生货币的使用效用，最终会促进产出、投资、消费、广义货币和信贷稳态水平的提升（胡志鹏，2016）。李建军等（2015）利用2003—2014 年的月度数据，采用 SVAR 模型实证检验的结果显示，影子银行作为银行信贷的有益补充能够促进社会产出水平的增加。以委托贷款为代表的影子银行业务缓解了中小企业和民营企业的流动性约束，在促进信贷流动的同时，对融资约束程度高的经济主体形成了"反哺效应"，能够促进区域经济的均衡发展（钱雪松、谢晓芬和杜立，2017）。

4. 影子银行与金融稳定

影子银行体系对金融稳定的影响已经成为学术界和监管当局关注的重点。影子银行体系由从事信用创造、流动性转换和期限转换的金融机构网络构成，该网络无法直接获取公共流动性和央行信贷支持，不参与存款保险，多具有高杠杆和信用链条繁杂的特点。影子银行体系的内生脆弱性，会对我国系统性金融风险和金融稳定产生影响（李向前、诸葛瑞英和黄盼盼，2013）。影子银行体系游离于监管之外的非规范性运作模式，是产生系统性金融风险的根源所在（周莉萍，2013）。目前，商业银行为影子银行提供流动性，并且通过理财产品、买入返售、同业业务、抵押担保和逆回购等方式与影子银行机构形成资产负债关联。随着利率市场化进程的不断推进，我国商业银行与影子银行之间的业务往来和风险关联程度将会进一步加深，发生系统性金融风险的可能性不断提高（李丛文和闫世军，2014）。商业银行通过短期理财产品、证券、保险和基金公司等通道业务将资金配置到长期资产中的行为，会导致期限错配程度和金融机构之间的风险传染效应加剧（Song and Hachem，2015）。商业银行以资产证券化、非银行通道业务和非保本理财产品等方式分散风险的行为，会导致商业银行的信用创造活动不再受资本充足率、存贷比和风险拨备等方面的限制，系统性金融风险评估中的尾部风险不断积聚（Iori et al.，2006；Gennaioli et al.，2012）。

　　影子银行体系主要通过会计账户传染机制、市场心理恐慌与行为选择放大机制和货币信用传导机制三种途径增加系统性金融风险。其中，信托部门是主要的风险源，银行则是系统性金融风险的主要承担者（李建军和薛莹，2014）。李丛文和闫世军（2015）采用GARCH－时变Copula－CoVaR模型考察了不同影子银行业务模式对商业银行整体和局部的动态风险溢出效应，结论表明，信托业和证券业的风险溢出效应较高，民间借贷行业的风险溢出效应较小。林琳和曹勇（2015）以D－D模型为基础，考察了商业银行和影子银行网络系统性风险的传染过程，研究结果显示，影子银行会放大商业银行的系统性风险，并且商业银行同业关联规模越大，受风险传染的可能性越高。郭晔和赵静（2017）提出，影子银行体系对系统性风险的影响主要取决于风险分散效应和风险传染效应两种力量的对比，利用上市银行的微观数据，采用系统GMM和固定效应模型的实证结果表明，影子银行会显著提高银行体系的系统性风险。可见，影子银行体系引致的资产负债表关联和网络效应，是导致我国现阶段金融稳定性下降的主要原因。

　　影子银行体系的加杠杆行为和对信托风险转移工具的过度依赖，会导致影子银行规模快速收缩，从而对金融稳定性产生负面影响（Meeks et al.，2017）。2014年末到2015年，我国股市经历了巨幅波动，场外配资中银行理财产品占比高达40%以上，影子配资行为在一定程度上推动了此轮股市的暴涨暴跌，加剧了金融市场的波动。何平等（2017）基于动态时间序列框架，将银行引入传统货币乘数模型，研究发现，影子银行体系会对社会信贷总量和社会流动性两者产生截然相反的影响，并且会增加金融体系的脆弱性。相较于传统商业银行，影子银行体系高杠杆、法律主体不明确以及期限错配等特性，会延长金融工具的信贷链条，任何一个环节的断裂都将波及整个金融系统，从而增加金融体系的脆弱性（Hsu and Moro，2010）。

二　企业开展影子银行业务的模式、动机和影响

2008 年国际金融危机以后，金融与实体之间的关系得到国内外学者的重新审视。随着经济全球化和金融市场化进程不断推进，经济金融化格局正在加速形成（张成思和张步昙，2016）。一方面，金融、保险和房地产等泛金融部门在吸纳就业、利润积累以及对经济增长等方面的贡献逐渐增强（Foster，2007）；另一方面，实体部门受利润追逐动机的影响，更倾向于将资金配置到金融市场内部，从而对长期生产性资产的投资不断减少，在宏观层面上则反映为虚拟经济的过度繁荣与实体经济的长期疲软的结构性特征（Demir，2009；张成思和张步昙，2016）。我们注意到，在我国实体经济低迷和金融行业利润高企的背景下，具有融资优势的企业部门利用其外部融资能力，不断从金融中介和资本市场融入超过其自身生产经营所需的资金，转而通过委托贷款、委托理财和民间借贷等方式开展影子银行业务。企业部门成为继银行的影子业务、非银行正规金融机构、各类准金融机构和民间金融机构之后又一重要的影子银行参与主体。非金融企业部门有别于金融机构类影子银行体系，其承担着物质生产和技术创新的职能。非金融企业影子银行化必然会增强实体部门与金融市场的风险联动性，加剧产业空心化趋势，进而对宏观经济的平稳运行造成负面影响。因此，探究非金融企业影子银行化的模式，准确测算其规模，分析非金融企业影子银行化的影响因素和经济效应，对于降低系统性金融风险、促进金融重新回归实体经济以及抑制经济"脱实向虚"具有重要的理论和现实意义。

（一）企业开展影子银行业务的模式

金融中介主导和国有商业银行寡占的市场结构，使得银行决定了我国大部分信贷资源在不同经济主体之间的配置状态。商业银行出于贷款风险、银企关系以及政府隐性担保等方面的考虑，更倾向于将资金配置给国有、大规模的上市公司，中小企业和民营企业的融资需求无法得到满足。经济主体的信贷约束使得非正规金融机构

的放贷现象一直以不同形式存在。地方政府等"体制内部门"对银行信贷的垄断和低效率使用，是导致金融资源从国有部门向非国有部门流动的金融漏损现象以不同形式存在的根源所在（安强身和姜占英，2013）。近年来，我国影子银行体系以多元化参与主体、差异化业务模式和金融产品创新等方式，从事实质性信用中介活动，为中小企业、房地产行业和地方政府融资平台等资金需求方提供流动性，在一定程度上能够缓解银行信贷歧视引致的金融错配问题。Wang 等（2015）提出，在效率差异、融资歧视和企业影子银行市场交易可行的三个假设下，国有部门通过影子信贷市场向私人部门释放流动性的行为对整个社会是一种"卡尔多—希克斯改进"。随着国内金融活动的日益繁荣，具有融资优势的企业部门利用其在国家、市场和行业中的特殊地位，也开始通过委托贷款、委托理财、民间借贷以及购买各类影子信贷产品的方式，开展影子银行业务（刘珺、盛宏清和马岩，2014）。非金融企业成为继银行、证券、基金公司等正规金融机构、小额贷款公司、融资担保公司、典当行以及财富管理公司等准金融机构，以及商会、合会、互联网金融机构等民间借贷机构之后的影子信贷市场参与主体。

我国经济主体的信贷约束导致非正规金融机构放贷的现象较为普遍。很多大型国有上市公司，在影子信贷市场高额利差收益的吸引下，开始充当实质性信用中介角色，向其他企业融出资金，成为影子银行业务的一部分（王永钦等，2015）。目前，上市公司开展影子银行业务的模式主要包括机构式和产品式两种（胡进，2012）。在机构式业务模式下，上市公司通过直接控股财务公司、小额贷款公司或担保公司等影子银行类机构，参与影子放贷业务。此外，非金融企业也可以通过购买银行理财产品和发放委托贷款等方式从事影子银行活动。企业部门从金融市场或者金融中介获取低成本资金，转而通过合规或非合规的方式，从事影子信贷市场投融资活动。企业部门的过度影子银行化反映了资本运作和投机套利行为将逐步取代传统的主营业务活动，经济活动的重心从传统生产经营活动向金融资本逐利偏离，因此，会加剧产业空心化和经济虚拟化趋势（蔡明荣和任世驰，2014）。

（二）企业开展影子银行业务的动机和影响

非金融企业影子银行化行为受到内、外部因素的共同作用。从内部因素来看，相较于实体部门回报率，金融行业收益率的高企使得企业部门有进入金融行业的冲动。然而，金融机构特许经营权、金融牌照管理以及国有商业银行主导等因素导致我国金融行业准入门槛较高。因此，企业部门将资源转向游离于监管之外，且透明度较低的影子信贷市场。银行信贷歧视和直接融资市场欠发达引致的资金供求失衡、实体经济长期疲软以及监管缺位则为非金融企业影子银行化提供了外部条件（韩珣、田光宁和李建军，2017）。刘珺等（2014）认为，货币超量发行和融资布局失衡是企业从事影子银行业务的重要诱因。

在金融抑制程度较高、资本市场欠发达的新兴经济体中，中小企业和民营企业部门长期处于信贷约束的金融市场环境之中。一方面，国有、大型上市公司抵押品价值较高，具有政府的隐性担保，能够从金融中介和资本市场融入超过其自身生产经营所需的资金，大量现金在企业内部闲置。另一方面，中小企业受到银行在抵押品价值、财务报表披露以及贷款风险等方面的限制，很难从主流金融机构获得信贷支持，只能转向民间融资。融资需求和信贷配置之间的不匹配性使得大企业开始充当实体中介，对中小企业放贷的现象应运而生。因此，企业部门之间的资金融通行为，在一定程度上能够弥补银行初次信贷资源配置失衡的现状，缓解中小企业和民营企业的融资约束。在次优的经济环境中，非金融企业部门的再放贷行为对金融市场欠发达的经济体可能是一种帕累托改进（王永钦等，2015）。然而，也有学者提出相反的观点，认为融资优势部门和融资劣势部门之间资金融通引致的贷款成本上升、利益主体寻租成本和信贷资源错配现象，会降低社会福利水平（刘珺等，2014）。

本节通过对影子银行相关文献的梳理，得到以下结论：首先，影子银行体系是平行于传统商业银行、游离于监管之外，并且具有信用创造、流动性转换和期限转换功能的业务、机构和结构化实体。相较于发达国家以资产证券化为核心，以金融创新为原动力的业务模式，我国影子银行体系根植于商业银行，几乎所有类型的影子银行机构、业务模式和资金流向都与商业银行存在密切的联系。其次，我国影子银行体系的产生本质上是金融抑制的产物，在紧缩性货币政策和金融市场竞争日益增强的双重作用下，银行体系通过信贷业务表外转移、非银行类金融机构通道业务和同业业务等方式，小额贷款公司、融资担保公司等各类准金融机构以制度创新为手段，从事游离于监管之外的借贷活动，进而形成了我国特有的以体制内产品创新和体制外机构创新为主导的影子银行体系。再次，影子银行体系会降低货币政策的有效性，增加政府宏观调控的难度。影子银行体系也会对信贷资源配置效率、经济的产出和消费以及金融体系的稳定性产生影响。最后，随着我国影子银行体系的肆意发展，具有融资优势的企业部门也开始通过合规或非合规的形式参与影子信贷市场投融资活动，从而对信贷资源配置和社会福利水平产生影响。

　　通过对已有影子银行体系和非金融企业影子银行化的相关研究进行梳理发现，已有对影子银行体系的研究成果已经比较丰富，研究视角大多集中于影子银行体系的内涵、业务模式、规模测算、影响因素，以及其对货币政策有效性、金融稳定和经济运行的影响等方面。然而，目前对非金融企业影子银行化的研究较少。部分学者关注了企业部门的影子银行业务，研究内容多局限于企业影子银行活动的识别、业务机制和动机的引致因素等理论层面的分析（王永钦等，2015；Du et al.，2015）。鲜有文献对非金融企业影子银行化的业务机制、规模测算、影响因素和经济效应等方面展开探讨。本书以非金融企业影子银行化为切入点，构建非金融企业影子银行化的理论分析框架，提出非金融企业影子银行化规模的测算方法，探究非金融企业影子银行化的影响因素和宏微观经济效应，从而为非金融企业影子银行化提供一个全面、深入的经济学分析框架。

第三节　研究内容与拟解决问题

一　主要研究内容

本书研究内容共分为六章，具体安排如下：

第一章为导论，主要介绍了本书的研究背景与研究意义，国内外关于影子银行体系的文献评述，并且提出本书的主要研究内容与拟解决问题，阐释了具体的研究思路和研究方法，最后概述了本书的创新点、可能存在的不足和未来的研究方向。其中，文献综述部分主要对国内外关于影子银行体系的界定、规模和影响，非金融企业影子银行化的业务模式、动机和影响等相关文献进行详细的梳理和客观评述。

第二章分析非金融企业影子银行化的理论机制分析。本章对非金融企业影子银行化的概念进行界定，分析了非金融企业影子银行化的业务模式；剖析非金融企业影子银行化动机的引致因素；分析非金融企业影子银行化的经济后果。

第三章分析非金融企业影子银行化的影响因素分析。本章首先从融资结构、金融与实体收益率之差、外部宏观经济环境和微观企业异质性四个层面，剖析非金融企业影子银行化的影响因素。其次，构建经验模型，采用面板固定效应模型实证检验非金融企业影子银行化的影响因素。再次，相较于非僵尸企业和民营企业，进一步考察僵尸企业和国有企业的影子银行化规模对外部融资能力和金融与实体收益率之差变动的敏感性。最后，为金融监管部门从根源上规范企业投融资行为，完善实体投资环境，以及抑制产业空心化趋势提供政策指引。

第四章分析非金融企业影子银行化的微观经济效应。第一节主要探究非金融企业影子银行化对经营绩效的影响，首先从理论层面阐释非金融企业影子银行化对整体经营绩效和盈利结构的影响，提出理论假说和研究假设。其次，选取2004—2015年沪深两市非金融类上市公司数据，实证检验非金融企业影子银行化对经营绩效和盈利结构的影响。再次，采用中介效应检验模型，进一步考察非金融企业影子银行规模通过投资规模和投资效率两个中介变量对经营收益的作用机制。最后，采用DID双重差分法和PSM－DID倾向得分匹配倍差法，克服模型潜在的内生性问题，对实证结果进行稳健性检验，发现替换指标和改变实证模型均不改变本书的结论。第二节则分析非金融企业影子银行化与经营风险之间的关系，本节首先剖析非金融企业影子银行化对经营风险的影响，以及在不同业务模式下风险如何在企业部门之间、企业部门与金融部门之间进行传导，并且在理论分析的基础上提出相应的研究假设。其次，以非金融类上市公司为样本对企业影子银行化与经营风险之间的关系和风险传导机制进行经验分析。最后，提出抑制企业过度影子银行化、防范系统风险的发生和促进金融体系稳定的政策建议。

第五章分析非金融企业影子银行化的宏观经济效应，分别包括银行信贷歧视、非金融企业影子银行化与产出增长，金融错配、非金融企业影子银行化与经济"脱实向虚"两个部分的内容。第一节通过构建包括银行信贷歧视的两部门模型，从理论层面剖析非金融企业影子银行化产生的机理，以及融资优势企业能够根据影子信贷利率重新选择从银行融入的贷款规模，融资劣势企业存在自身能够观测和无法观测的事前、事后破产风险的情况下，融资优势部门和融资劣势部门之间的资金融通行为、各自的产出水平、利润函数及整个经济总产出水平的变化。从局部均衡视角，利用我国非金融类上市公司数据实证检验银行信贷歧视，金融与实体收益率之差对融资优势企业影子银行化规模的影响。更进一步地，从一般均衡视角采用PVAR模型，利用我国2014年第一季度到2017年第四季度的省级面板数据，分析非金融企业影子银行化行为对产出增长和实体投资的影响。第二节则首先从理论角度分析金融错配对非金融企业影子银行化的作用机制，提出相应研究假说；其次，利用上市公司数据实证分析金融错配对非金融企业影子银行化影响的地区异质性和企业异质性，以及融资约束、资本回报率以及企业实体投资渠道的存在；再次，进一步讨论了非金融企业影子银行化行为是否会加剧经济"脱实向虚"趋势；最后，提出消除信贷歧视、实现金融资源高效配置以及防止经济"脱实入虚"的政策建议。

第六章是结论与政策建议部分。本章则根据前文对非金融企业影子银行化理论和经验层面的分析，得出研究结论，并且提出相应的政策建议。

二 拟解决的问题

本书研究视角关注非金融企业的影子银行化活动，通过理论机制分析和经验层面检验，为非金融企业影子银行化的研究提供了一个较为完善、全面的分析框架。本书拟解决的问题可以概括为以下四个方面：一是非金融企业影子银行化的界定和业务模式；二是非金融企业参与影子银行业务的影响因素；三是非金融企业影子银行化的微观经济效应；四是非金融企业影子银行化的宏观经济效应。

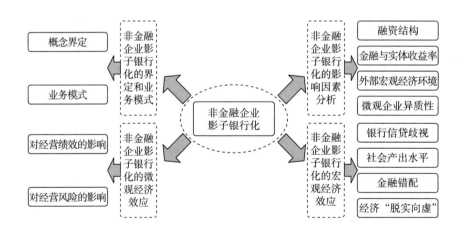

图1-1 本书研究的主要问题

第四节　研究思路与研究方法

一　研究思路

本书的研究技术路线如图 1 – 2 所示。

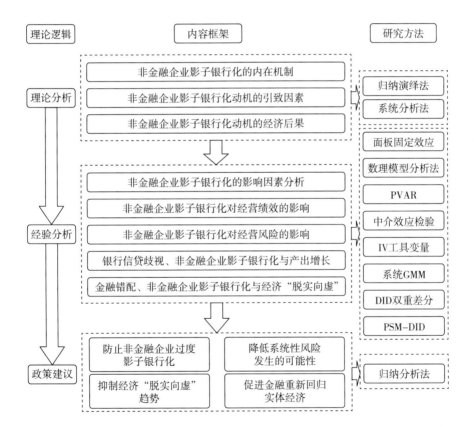

图 1 – 2　本书研究的技术路线

首先，从理论层面剖析非金融企业影子银行化的内涵和业务机制，在此基础上进一步分析企业参与影子银行业务动机的引致因素和经济后果。

其次，基于前文理论分析，提出对应的研究假设，利用我国2004—2015年沪深两市上市公司的数据对非金融企业影子银行化的五个方面进行分析。其一，从融资结构、金融与实体收益率之差、外部宏观经济环境和微观企业异质性角度，采用面板固定效应模型实证检验非金融企业影子银行化规模的影响因素。其二，从经验层面，实证分析非金融企业影子银行化对经营绩效和盈利结构的影响，并且采用中介效应模型，进一步讨论企业影子银行化与经营收益之间关系中投资规模和投资效率两个中介变量的存在性。其三，利用我国非金融企业数据，实证检验非金融企业影子银行化行为对经营风险的影响，以及风险在企业部门之间、企业部门与金融部门之间的传导机制。其四，构建包括银行信贷歧视的两部门模型，从理论层面剖析非金融企业影子银行化的产生机理和对社会产出水平的影响。从经验层面分析以国有企业为代表的融资优势部门对企业影子银行化趋势的影响。从一般均衡视角分析非金融企业之间的金融漏损对经济总产出水平的冲击。其五，剖析金融错配对非金融企业影子银行化行为的整体影响和作用机制，以及非金融企业影子银行化对经济"脱实向虚"的影响。

最后，根据理论分析和实证检验，提出防止非金融企业过度影子银行、降低系统性金融风险发生的可能性、抑制经济"脱实向虚"以及促进金融重新回归实体经济的政策建议。

二　研究方法

本书在研究过程中使用的方法主要包括归纳演绎法、数理模型分析法、实证分析法以及系统分析法。其中，使用的实证分析方法包括面板固定效应模型、中介效应检验、工具变量（IV）回归、系统GMM、双重差分法（DID）、倾向得分匹配倍差法（PSM－DID）以及面板向量自回归（PVAR）模型等。

（一）归纳演绎法

本书在研究中使用了归纳和演绎分析相结合的方法。非金融企业影子银行化的理论机制分析部分，主要采用归纳分析法，通过考察非金融企业从事影子业务的具体业务模式，归纳出非金融企业影子银行化的内在机制。对于非金融企业影子银行化影响因素和经济效应的经验分析部分，则采用了演绎推理的方法，从理论分析出发，提出对应的研究假设，然后基于现实数据来验证本书的研究假设是否成立。

（二）数理模型分析法

在银行信贷歧视、非金融企业影子银行化对社会产出增长的影响研究中，则采用了数理模型分析法。通过构建包含银行信贷歧视的两部门模型，从理论层面分析非金融企业影子银行化的产生机理，并且在基准模型上逐渐放宽假设，探究在不同假设条件下，银行信贷歧视对融资优势企业和融资劣势企业之间的金融漏损行为、各自的产出水平、利润函数以及社会总产出的影响，从而为经验层面的分析提供理论基础。

（三）实证分析法

本书在非金融企业影子银行化的影响因素和经济效应的研究中，使用了面板固定效应模型、中介效应检验、工具变量回归、系统GMM、双重差分法、倾向得分匹配倍差法以及面板向量自回归等经验分析方法。其中，面板固定效应模型主要用于模型的基准回归分析中。中介效应检验方法，主要用于机制渠道检验部分，有助于更好地分析非金融企业影子银行化对经营收益、金融错配对非金融企业影子银行化的影响机制。工具变量回归、系统 GMM、双重差分法以及倾向得分匹配倍差法则能够克服模型的内生性问题对回归结果的影响，主要用于稳健性检验部分。PVAR 模型则用于分析非金融企业影子银行规模对产出增长的冲击、解释力度和相互因果关系。

（四）系统分析法

本书在非金融企业影子银行化的研究中，遵循从理论机制到经验分析，再到对策建议的系统性分析框架，分别从宏观和微观层面阐释了非金融企业影子银行化的经济效应，从而为监管部门政策的制定提供一定的理论支持和政策指引。

第五节　研究的创新点

一　本书的创新点

与已有文献相比，本书的创新点主要体现在以下几个方面。

（一）研究视角新颖

本书从非金融企业影子银行化动机、影响因素与经济效应着手，给出经济"脱实向虚"、高杠杆率问题的微观解释，不同于以往仅仅研究金融部门影子银行及其效应问题，在研究视角上具有一定的创新性。

（二）构建新的理论分析框架

本书跳脱出已有文献局限于企业从事影子银行业务的模式和识别的研究框架，以非金融企业影子银行化的界定和业务机制为理论基础，提出了企业影子银行规模的测算方法，并且利用沪深两市 A 股上市公司的数据，实证分析了非金融企业影子银行化的影响因素和经济效应，从而为非金融企业影子银行化研究构建了一个新的理论分析框架。

本书从理论层面阐释了非金融企业影子银行化的业务机制、引致因素和经济后果；从理论和经验层面剖析了非金融企业影子银行化的影响因素；从微观层面阐释了非金融企业影子银行化对经营绩效和经营风险的影响；从宏观层面探究了银行信贷歧视下非金融企业影子银行活动对社会产出水平的影响，以及金融错配、非金融企业影子银行化与经济"脱实向虚"三者之间的内在联系，为非金融企业影子银行化的研究构建了一个较为系统、完善的经济学分析框架。

（三）研究方法创新

目前，相关文献对于非金融企业从事影子银行化的研究并不多，大多从理论层面阐释非金融企业从事影子银行活动的业务模式、识别方法以及可能的影响因素等。本书在理论分析的基础上，利用我国上市公司的数据，采用面板固定效应模型、中介效应模型、交互项检验、工具变量回归、系统 GMM、双重差分法、倾向得分匹配倍差法和面板向量自回归模型等实证方法，对非金融企业影子银行化的影响因素和经济效应进行经验分析。因此，本书在实证分析方法上做出较大的改进。

二　可能存在的不足

本书的研究存在一定的不足之处，主要体现在限于数据可得性。本书在经验分析中，主要选取了沪深两市 A 股上市公司的数据进行实证检验。因此，在样本的选取上具有一定的局限性。

三　后续的研究方向

目前，已有文献对非金融企业影子银行化的研究并不多，本书可以参考的文献较少。非金融企业影子银行化的业务模式不尽相同，且影子信贷业务的隐蔽性较强，在一定程度上导致了微观层面的数据可得性较差。本书在从理论层面剖析非金融企业影子银行化内在机制的基础上，利用我国上市公司数据，探究了非金融企业影子银行化的影响因素和经济效应，为其构建了一个较为系统、完善的经济学分析框架。未来，在这一领域仍有较大的研究空间，主要体现在以下几个方面。

第一，本书以非金融企业部门为切入点，并且利用我国沪深两市 A 股上市公司的数据，实证分析非金融企业影子银行业务的影响因素和经济后果。在我国现实状况中，很多非上市公司也会通过委托贷款、民间借贷以及购买各种类金融产品的方式开展影子银行活动，但是限于微观层面数据可得性较差，本书采用选取上市非金融企业的数据进行经验分析。因此，在样本的选取上可能存在不够全面的问题。未来，可以通过企业调研等方式，获得更多企业层面影子银行业务规模的数据，以期开展更为深入的研究。

第二，本书在研究方法上，本书理论机制分析和研究假说的提出主要采用了逻辑演绎法，经验层面的分析则采用面板固定效应模型、中介效应检验、工具变量回归、系统 GMM、双重差分法，以及面板向量自回归等方法对上市公司数据进行实证检验。未来，可以采用动态随机一般均衡模型（DSGE）等，从宏观经济层面考察非金融企业影子银行化对信贷资源配置效率、金融稳定和社会福利水平的影响。

第 二 章

非金融企业影子银行化的
理论机制分析

本章主要阐释了非金融企业影子银行化的理论机制。首先从资产结构和利润积累两个层面对非金融企业影子化的内涵进行界定，并且提出非金融企业影子银行化的业务模式；其次，剖析非金融企业影子银行化动机的引致因素；最后，分析非金融企业影子银行化的经济后果。

第一节　非金融企业影子银行化的内在机制

一　非金融企业影子银行化的界定

近年来，杠杆率高企、金融资产投资乱象以及实体经济下滑等问题频发。一方面，金融、保险和房地产等泛金融部门呈现高速增长的态势；另一方面，实体经济市场需求萎缩，传统行业产能过剩，以及僵尸企业处置等问题逐渐发酵。值得注意的是，我国金融行业高增长的同时伴随着制造业投资率的下滑，在一定程度上反映出了金融服务于实体经济的动力逐渐丧失，金融市场系统性风险不断集聚（何德旭和王朝阳，2017）。据统计，截止到 2016 年 6 月，资产管理规模已经超过 60 万亿元①。影子银行体系的肆意扩张，是导致杠杆率高企、不良资产率上升以及房地产泡沫等问题的症结所在。随着我国经济增长进入新常态，"三期叠加"引致的结构性矛盾不断激化，企业部门的生产性投资机会逐渐减少，加之供给侧改革、僵尸企业处置以及地方政府融资平台整顿等一系列政策的出台，使得企业所处行业和市场环境的不确定性不断增加，实体投资意愿也受到抑制（饶品贵、岳衡和姜国华，2017；李凤羽和杨墨竹，2015）。金融收益和实体收益差距的不断拉大，使得企业部门逐渐将金融资源和人力资本从主营业务中移出，开始热衷于从事金融市场投融资活动。目前，非金融企业不仅提高债券、股票、投资性房地产和金融衍生产品等金融资产配置的比重，还开始利用超募资金和多元化融资渠道参与影子银行业务（韩珣、田光宁和李建军，2017；刘珺、盛宏清和马岩，2014）。

我国金融抑制、银行信贷歧视和金融市场欠发达等问题，使得中小企业和民营企业受到严重的预算硬约束，正规金融体系之外的信用创造现象一直以不同的形式广泛存在，成为弥补信贷资源配置失衡的替代性融资方式（王永钦等，2015）。国内外学者很早就关注游离于监管之外，与银行相对应的金融中介机构，并且根据是否创造货币将影子银行体系划分为银行影子和传统影子银行（孙国峰、贾君怡，2015）。但现有对影子银行体系的研究大多局限于商业银行表外业务，银行和证券、保险之间的通道业务，以及小额贷款公司、融资担保公司等准金融机构。较少有学者关注企业部门之间的资金融通行为。随着经济金融化趋势的日益增强，金融行业的收益率远超实体部门，从而导致非金融企业也开始通过委托代理、股权创新和过桥贷款等形式从事影子银行活动，非金融企业影子银行化趋势日益增强（韩珣、田光宁和李建军，2017）。企业部门可以通过合规或非合规的方式扮演实体中介，发挥信用转换和流动性转换的功能，

---

① 资料来源：Wind 数据库。

进而为中小企业等资金融出方提供资金支持。非金融企业也可以通过购买银行理财、券商理财、私募股权基金和互联网理财等方式，参与到金融机构类影子银行体系信用创造的链条之中。

从广义层面上来看，非金融企业影子银行化实际上属于企业金融化的范畴。然而，非金融企业影子银行化在范畴、特征和影响等方面，均有别于企业金融化。其一，从范畴上来看，非金融企业影子银行化既包括企业作为影子银行中介向融资弱势方的资金融通行为，也包括企业购买银行理财、信托产品、私募股权基金和结构性存款等各类影子信贷产品的活动。而企业金融化系指金融资产配置占比逐渐提高，以及来自金融渠道利润占比不断提高的现象（张成思、张步昙，2016；彭俞超、韩珣和李建军，2017）。已有文献大多采用货币资金、交易性金融资产、可供出售金融资产、衍生金融资产、持有至到期投资、长期债权投资、投资性房地产、长期股权投资以及委托贷款、委托理财和信托产品的规模占总资产的比重作为企业金融资产配置和企业金融化的代理指标（Demir，2009；胡奕明、王雪婷和张瑾，2017）。因此，从范畴和微观测算方法上来看，企业购买银行理财、券商理财和信托产品等类金融资产的行为属于企业金融资产配置的范畴，但是企业作为影子中介从事信用创造的规模并没有包括在金融资产配置之中。此外，企业金融资产配置包括其购买的股票、债券和投资性房地产规模，但是这部分并不属于企业影子银行化的范畴。

其二，从特征和功能上来看，企业金融资产配置行为是出于预防性储蓄或利润追逐动机。然而，影子银行业务高风险、高杠杆且借贷双方信息不对称的特点，意味着企业从事影子银行业务是出于利润追逐动机，而不具有预防性储蓄的功能。企业部门作为吸纳就业和生产经营的主体，将金融资本和人力资源投入影子信贷市场中，必然会加剧经济"脱实向虚"和系统性金融风险，从而不利于宏观经济的长期可持续发展和金融稳定。因此，相较于已有金融资产配置行为的相关研究，对于在业务范畴、功能和影响不同的企业影子银行化行为的研究更为重要。

非金融企业金融化的一种表现形式是企业在资产负债表中配置大量金融资产，也可以反映为企业利润来源更依赖于金融市场投资活动（Krippner，2005；Demir，2009）。非金融企业金融化的业务模式可以划分为两类，一是在资本市场上购买流通的股票、债券等传统金融资产；二是持有银行、证券、信托公司、基金公司、小额贷款公司和财务公司等各类金融机构的股权（戚聿东、张任之，2018）。因此，本书参考张成思和张步昙（2015）提出的"企业金融化"概念，从资产结构和利润积累两个方面对非金融企业影子银行化的内涵进行界定。从资产角度来看，非金融企业影子银行化系指企业影子信贷资产占总资产的比重不断提高，而固定资产、无形资产等长期生产性投资占比不断下降。从利润积累角度来看，非金融企业影子银行化也可以理解为企业部门利润积累更多来自影子银行信贷市场投资活动。

二　非金融企业影子银行化的业务模式

目前，大部分公司都已经通过与金融中介合作，以委托贷款和委托理财等方式从事影子银行活动。委托贷款是中国特有的现象，中国增长最快的私营部门融资来源于非正式金融系统中的委托贷款（余琰、李怡宗，2016）。委托贷款主要依靠股权关联关系机制实现，在一定程度上能够缓解银行信贷歧视引致的融资约束问题，对落后地区的企业形成"反哺效应"（钱雪松、谢晓芬和杜立，2017）。委托贷款作为一种"自上而下"的利率市场化形式，将会提高金融资本的配置效率（黄益平、常健和杨灵修，2012）。从 2012 年到 2017 年末，我国委托贷款规模由 2079 亿元上升到 139700 亿元[①]。委托理财是指上市公司把资金交给专业或非专业的投资机构进行经营，以实现委托资金增值或其他特定目的的中介业务（陈湘永和丁楹，

---

① 资料来源：中国人民银行网站。

2002）。2007—2015 年，开展委托理财业务的上市公司数量从 19 家增加到 973 家，总交易金额从 15.67 亿元上升到 178173.80 亿元。①

近几年来，越来越多在业务上没有往来的企业之间也存在短期资金拆借行为，比较常见的就是过桥贷款业务（李建军和韩珣，2016）。在金融欠发达的新兴市场经济中，游离于监管之外的企业之间再放贷现象十分普遍（王永钦等，2015）。银行信贷歧视行为，使得中小企业在逆向选择的作用下，无法从正规渠道获得企业贷款，只能转到地下融资。现金流充裕且无良好实体投资机会的国有、大型企业，从金融中介和资本市场融入低成本资金，再以高于银行贷款利率的价格放贷给中小企业，构成了民间金融体系的一部分。企业不仅可以通过委托代理和民间借贷从事信用创造活动，还可以通过股权关系创新的方式开展影子银行业务，例如，股权众筹就是在替代性金融发展下的一种股权创新方式。股权众筹为上市公司的资金输送提供了更为开放、透明的渠道。未来，企业以股权创新方式参与影子银行业务的现象将更为普遍。

从企业开展影子业务的模式来看，非金融企业部门作为一个独立的实体，从事影子银行活动的方式更为复杂和多样。非金融企业的影子银行化，可以扮演实体中介，发挥信用创造的功能，为中小企业和民营企业等资金融出方提供流动性。企业也可以通过购买银行理财产品、信托贷款、券商理财、资产管理计划、结构性存款以及私募股权基金等影子信贷产品，间接参与到银行、证券和基金公司等体制内影子银行体系的信用链条中，成为影子银行系统的信用主体。

因此，非金融企业部门主要通过两种方式开展影子银行业务。一是充当实质性信用中介，作为资金的直接融出方和信用创造的主体，通过委托贷款、委托理财、民间借贷和股权创新的方式为中小企业等资金需求方融出资金。二是通过购买银行理财产品、券商理

---

① 资料来源：笔者根据相关资料测算。

财、信托产品、结构性存款和互联网理财等各类类金融产品，加入金融机构类影子银行的信用链条中。

第二节　非金融企业影子银行化动机的引致因素

非金融企业影子银行化的动机主要包括融资歧视与资本错配、经济金融化趋势增强、经济增长放缓与实体经济长期疲软、紧缩性货币政策以及监管缺失与财务报表披露不透明。

一　融资歧视与资本错配

我国金融中介主导和国有银行垄断经营的市场结构，使得银行在资金配置上存在严重的歧视性和金融错配行为（苟琴、黄益平和刘晓光，2014；邵挺，2010）。正规金融机构基于所有制性质、抵押品价值和政府偏袒等因素的考虑，更倾向于为国有、大型企业提供银行贷款。银行信贷歧视下金融资源配置的非效率状态，使得民营企业和中小企业等融资劣势方获得与其自身产出贡献不相匹配的信贷资源（周煜皓和张盛勇，2014）。一方面，中小企业发展迅速、资金需求旺盛，但抵押品价值低、信息不对称等问题，使得其借贷风险较高（Stiglitz and Welss，1981；Berger and Udell，1995）。商业银行受限于监管当局在基准利率、抵押品、存贷款利率以及风险等方面的限制，难以向中小企业提供合适的金融产品（徐军辉，2013）。此外，我国股票、债券市场门槛较高，能够通过中小板、创业板市场获得融资的企业微乎其微，对改善中小企业融资环境的作用是杯水车薪。中小企业和民营企业长期处于融资约束的环境之中，融资意愿强烈。另一方面，具有融资优势的国有、大型企业能够借助其在行业、市场和银企关系等方面的特殊地位，从银行和资本市场获得低成本的资金支持，导致大量现金在企业内部闲置，投资需求意愿明显（Huang，2008）。因此，银行信贷歧视背景下，资金稀缺方的融资需求和资金盈余方的投资需求共同作用推动了非金融企业的影子银行化行为。

二　经济金融化趋势增强

现阶段，我国经济增长进入结构性调整阶段，杠杆率高企、市场需求萎缩以及成本大幅上升等问题日益凸显，实体经济发展面临营业利润率持续下滑的局面。然而，金融部门在行业准入门槛和利率管制的背景下，通过杠杆操作、产品嵌套和延长信贷链条等方式保持着较高的资本收益率。实体部门在资本逐利性动机的驱使下，也开始将更多的资金配置到金融市场中，从而导致主营业务投资意愿受到抑制（彭俞超、韩珣和李建军，2018）。随着经济金融化趋势的增强，金融行业在资产规模、利润积累和吸纳就业等方面的重要性稳步提升，金融行业与实体经济之间的资本回报率不断拉大（Foster，2007；张成思和张步昙，2015）。金融部门享有远高于实体投资的收益率，使得企业部门长期生产性投资的比重不断下滑，更倾向将闲置资金从事投资周期较短且回报率更高的类金融资产投融资活动。然而，我国银行特许经营权、金融牌照管理以及金融机构垄断经营等客观因素，导致金融行业的准入门槛较高。影子银行体系高杠杆、高收益以及游离于监管之外的特点，为非金融企业的投机和套利活动提供了监管套利空间。因此，非金融企业转向影子银行体系，通过影子信贷市场为民营企业和中小企业等资金需求方融出资金，以期攫取高额利差收益。

三　经济增长放缓与实体经济长期疲软

随着我国经济增长进入新常态，实体投资机会不断减少，非金融企业实体投资率呈现持续下滑态势。实体投资长期疲软和金融化趋势日益增强，是中国经济运行的重要特征。我国在"三期叠加"阶段下，经济发展向形态更高级、结构更合理的演进过程中，增速换挡、结构调整以及前期政策消化必然会导致一些行业和企业在经济调整的过程中受到较大的冲击，宏观经济政策不确定性持续提高，经济风险不断积累。经济增长放缓、投资环境较差以及政府经济政策的不确定性导致了企业部门的实体投资意愿逐渐减弱，非金融企业开始从事类金融资产投资业务，以弥补主营业务的亏损。目前，扬子江船业、中石油、中粮集团等企业都成立了小额贷款公司、财务公司等影子银行机构，从事放贷业务。

四   货币政策紧缩

2008 年国际金融危机以后，为了尽可能降低全球金融危机对经济运行的负面影响，我国推出了四万亿元的经济刺激计划。随后，扩张性货币政策引致的政府过度举债和房地产泡沫等问题开始发酵。因此，2010 年末起，监管部门开始收紧银行对地方政府平台和房地产两个领域的贷款。货币紧缩导致商业银行通过银行理财、买入返售和通道业务等方式，继续为房地产行业和地方政府融资平台提供资金支持，以避免前期贷款坏账对银行资产负债表的负面影响。此外，小额贷款公司、融资担保公司、典当行和各类民间金融机构也开始提供过桥贷款，以应对房地产行业的短期流动性资金需求（李建军和韩珣，2016）。越来越多的国有、大型企业相继通过委托贷款和地下融资等方式，为中小企业、地方政府融资平台和房地产部门放贷，成为影子银行体系的一部分。

五   监管缺失与财务报表披露不充分

监管不足和财务报表披露不充分为非金融企业影子银行化提供了监管套利的空间。影子银行业务具有杠杆化操作、产品结构嵌套和法律主体不明确等特点，与股票、债券等传统金融资产相比，投资风险更高，且透明度更低。然而，我国"一行两会"的分业监管模式，使得影子银行活动处于监管缺失的状态。非金融企业影子银行业务也属于影子银行体系的范畴，其通过民间借贷、过桥贷款和股权众筹等方式实现信用转换、期限转换和流动性转换的功能，具有较强的隐蔽性，从而导致监管部门很难有效识别并规制非金融企业的影子银行化行为。目前，具有融资优势地位的企业部门从金融中介和资本市场融入超额资金，转而再通过购买各类理财产品的方式参与影子银行业务。我国上市公司证券发行法明确规定，企业募集资金不能用于企业之间的资金拆借活动。但是，上市公司财务报表披露不充分和监管缺位，则为非金融企业的影子银行化行为提供了监管套利的空间。上市公司以补充流动资金的方式将超募资金从监管账户转出，或通过操作会计科目来隐蔽影子银行活动，从事再贷款业务。

第三节　非金融企业影子银行化的经济后果

非金融企业影子银行化行为对微观企业经营绩效和宏观经济运行造成一定的影响。一方面，企业部门从事高杠杆、高风险，且游离于监管之外的影子银行业务，会对企业的投融资行为和内部经营状况产生影响；另一方面，从宏观层面上看，非金融企业影子银行化也会对经济"脱实向虚"趋势和社会福利水平造成一定的冲击。

一　非金融企业影子银行化与企业经营绩效

我国银行信贷配给行为导致中小企业和民营企业很难从正规金融机构获得贷款支持，以体制内部门到体制外部门的金融资源定向流动为主要形式的金融漏损现象，成为继银行借款、超募资金和自有资本累积之外的一种替代性融资方式（卢峰和姚洋，2004）。随着我国金融产品的过度创新和类金融机构的加速衍变，金融漏损渠道也逐渐由原有商业信用、经理人员的资产转移模式，延伸到通过影子信贷市场直接或间接实现资金的融出。目前，很多上市公司充当信用中介，为中小企业等流动性短缺的部门放贷，这些游离于监管之外的信用创造活动已经构成影子银行体系的一部分（Du J. et al.，2015；王永钦等，2015）。企业部门的生产经营活动是经济可持续增长、社会稳定和金融市场平稳发展的决定性因素。非金融企业部门将大量资源用于高风险影子信贷市场投融资活动的逐利性行为，必然会抑制企业的实体投资和研发创新行为。此外，非金融企业影子银行化引致的影子信贷资产与经营性资产之间投资比重的变化，也会进一步导致经营绩效和利润结构的变化。

二　非金融企业影子银行化与系统性金融风险

非金融企业影子化对系统性金融风险的影响主要体现在两个方面。其一，非金融企业影子银行化会加剧其自身经营风险。企业从事高杠杆、信息不对称程度较高、借贷主体法律关系不明确的影子银行业务会增加其发生流动性危机的可能性。影子银行体系具有信用创造、流动性转换和期限转换的功能，其高杠杆、信用链条复杂以及顺周期性等特点，使得影子银行体系的规模会在经济繁荣时急剧扩张，经济衰退时加快收缩（FSB，2011，Meeks et al.，2017）。然而，企业部门有别于金融部门，其风险识别、风险管理和风险应对能力较差。因此，企业从事游离于监管之外的影子银行活动，会导致资金融入方的风险和金融市场的波动均会传递到资金融出方，从而增加企业的经营风险。

其二，非金融企业影子银行化会加剧整个金融体系的系统性风险。影子银行体系缺乏流动性支持和游离于监管之外的特点，可能会对我国金融稳定产生不利的影响（李向前、诸葛瑞英和黄盼盼，2013）。影子银行系统的风险将会通过会计账户传染机制、市场心理恐慌机制以及货币信用传导机制三种途径传递到其他各类金融机构，增加系统性金融风险，从而对金融稳定造成负面的冲击。企业部门承担着物质生产的职责，是经济增长的动力所在，任何脱离实体经济的增长最终必然会导致虚拟泡沫的崩塌，甚至金融危机的发生。企业影子银行活动与金融资产投资相比，收益和风险更大，对系统性金融风险和实体投资的影响也更为显著。因此，非金融企业部门过多从事高杠杆、高风险的影子信贷市场投资活动，必然会加剧实体经济与金融市场的风险联动性，不利于我国金融稳定。

三　非金融企业影子银行化与实体投资率

国内外很多学者认为，企业金融化趋势是导致实体投资率下降、产业空心化的主要原因（张成思和张步昙，2016；彭俞超、韩珣和李建军，2018）。2008 年国际金融危机以后，金融与实体经济之间的关系得到了重新审视。随着经济全球化和金融市场化进程的推进，金融在跨期资源配置、风险分散以及降低信息不对称等方面的作用逐渐被弱化，金融逐利性动机成为主流金融机构和金融市场参与主体相机抉择的决定性因素。我们注意到，在我国经济增长放缓的背景下，金融部门能够挣脱实体经济长期疲软的束缚，享有远高于实体投资收益率的高额回报，经济金融化格局正在加速形成。金融体系通过脱离于需求端的过度金融创新来逃避金融监管，试图掩盖金融交易的本质，不断将资金配置到金融体系内部，进而导致了资金在虚拟经济内部空转。企业在金融行业高额利差收益的引诱下，也丧失了生产创新的动力，将更多的人力资源和金融资本投向影子信贷市场。因此，非金融企业的影子银行化会促使经济重心由生产经营活动向金融投机活动偏离，从而加剧我国经济"脱实向虚"趋势。

四　非金融企业影子银行化与社会福利水平

在我国金融抑制的背景下，以银行为代表的正规金融机构体系决定了大部分金融资源的配置状态。然而，银行基于所有制性质、银企关系和贷款风险的考虑，更倾向于将低息、优质的贷款资源分配给国有企业，民营企业和中小企业面临较强的信贷约束（徐思远和洪占卿，2016；陆正飞、祝继高和樊铮，2009）。金融资源通过合规或非合规方式从国有部门向私营部门输出的"金融漏损"现象，成为纠正资源配置领域市场失灵的一种主要方式（安强身和江占英，

2013)。非金融企业影子银行化在一定程度上能够缓解中小企业的融资约束，对金融资源的配置可能是一种帕累托改进。然而，具有融资优势的企业部门从金融中介和资本市场获得低成本的资金支持，转而再放贷给中小企业的行为，会导致资金在实体部门之间重复流转，抬高社会融资成本，可能会造成整个社会福利的损失。现阶段，我国金融压抑和银行垄断经营的金融环境没有发生转变，企业部门之间基于影子信贷市场的"漏损效应"不仅会增加中小企业的融资成本，阻碍实体经济的发展，甚至难以避免资金融出方的"寻租"行为，从而进一步加剧融资主体地位不平等现象，降低整体社会福利水平。

第四节　本章小结

本章从理论层面分析了非金融企业影子银行化的内在机制、动机的引致因素和经济后果。首先，从内涵界定上，非金融企业影子银行化可以理解为资产结构中影子信贷资产占总资产的比重逐渐提高，而生产性投资占比不断下降的现象；也反映在企业部门的利润来源更为依赖影子信贷市场投资活动。其次，企业部门可以通过充当实体中介，作为信用中介和最终风险承担方开展影子银行业务；也可以通过购买银行理财产品、券商理财、信托产品、结构性存款和互联网理财等各类类金融产品加入金融机构类影子银行的信用链条中。再次，非金融企业影子银行化动机的引致因素主要包括为融资歧视与资本错配、经济金融化趋势增强、经济增长放缓与实体经济长期疲软、货币政策紧缩以及监管缺失与财务报表披露不透明等因素。最后，非金融企业影子银行化的经济后果包括其对企业投融资行为和经营状况、实体投资率以及社会福利水平的影响。

第 三 章

非金融企业影子银行化的影响因素

近年来，金融行业利润高企和实体经济长期疲软，使得越来越多的企业不断突破原有的生产经营业务范围，纷纷涉足金融领域，非金融企业金融资产配置比重逐渐提高。2004—2012 年，上市公司委托贷款交易额由 2.75 亿元上升到 430.42 亿元。企业参与金融市场各类金融产品投资活动日趋活跃。Wind 数据统计显示，2016 年767 家上市公司购买了银行理财产品、结构性存款、证券公司理财产品、私募、信托、基金专户以及逆回购等理财产品，总金额达到7268.76 亿元，占当年资产市场首发融资与再融资总额的 45%；参与公司数与资金总数比上年分别增长 23% 和 39%。不少企业将更多的资源集中在资本运作与增值目标上，主营业务生产和投资一定程度上被忽视。企业将闲置资金用于类金融资产投资，逐步变成了影子银行资金的配置者。

目前，我国经济出现了严重的"脱实向虚"趋势，很多上市公司充当了信用中介，绕开正规金融体系，为资金需求方提供流动性，成为影子银行体系的参与主体。非金融企业作为影子银行参与主体，具有信用转换、流动性转换和期限转换的功能，但因其存在高杠杆、信息不对称以及监管不足等问题，蕴含较高的风险，对实体经济发展和金融市场稳定具有负面的影响。我们注意到，国有企业等外部融资能力较强的企业，利用其在银行和资本市场上的融资优势，不断从传统金融体系中融入资金，然后再将超募资金投资于影子信贷市场，从而形成监管套利的影子信贷链条。非金融企业影子银行化会对微观企业经营状况、企业生产性投资和技术创新行为以及金融市场的稳定造成负面的冲击。因此，识别非金融企业影子银行化行为，深入剖析其影响因素，对于防范系统性风险，促进金融重新回归实体经济以及抑制经济"脱实向虚"，具有重要的理论和现实意义。

本章主要剖析非金融企业影子银行化的影响因素。本部分首先从外部融资能力、金融与实体收益率之差、宏观经济环境等视角剖析非金融企业影子银行化的影响因素，并提出对应的研究假设。其次，以2004—2015年沪深两市上市公司的年度数据为样本，采用面板固定效应模型和交互项回归的方法，从经验层面考察外部融资能力、金融与实体收益率之差、宏观经济环境以及微观企业异质性对影子银行化规模的影响。再次，相较于非僵尸企业和非国有企业，进一步探讨僵尸企业和国有企业的对外部融资能力和金融与实体收益率之差的敏感性。最后，提出从根源上抑制企业影子银行化趋势、加快僵尸企业处置以及提高信贷资源配置效率的政策建议。

第一节　理论分析与研究假设

非金融企业影子银行化本质上是一种变相金融资产投资活动。相较于商业银行、证券公司、小额贷款公司等金融机构类参与主体，非金融企业部门从事影子银行活动的融资来源更为广泛，内部留存、股权融资、债权融资等都是其资金来源。然而，不同渠道来源资金的监督和约束程度不尽相同，使得非金融企业在资金运用方面表现出不同的行为选择。因此，融资结构对非金融企业的影子银行化行为产生一定的影响（韩珣、田光宁和李建军，2017）。影子银行业务具有高风险、高杠杆和法律主体不明确等特点，一旦资金无法收回，将会增加企业陷入流动性危机的可能性。目前上市公司大多以股权质押、短期融资券等方式从货币市场上融资，或通过 IPO 超募、增发、发行债券从资本市场上融资（胡进，2012）。外部融资能力较强的企业可以通过发行债券、银行借款以及股权质押等方式从货币市场和资本市场融入不同期限的资金，在一定程度上降低了因影子信贷市场资金无法收回而对财务状况和经营绩效造成的负面冲击。因此，外部融资能力越强的企业，影子银行活动的趋势将更为明显。有鉴于此，我们提出本章的第一个研究假设。

假设 H3 - 1：外部融资能力越强，非金融企业的影子银行化趋势越强。

随着我国经济金融化趋势的日益增强，金融部门在资产规模、利润积累以及对 GDP 和就业的贡献等方面的作用逐渐提升。金融行业呈现高速增长趋势，金融业增加值增速远高于 GDP 增速，且金融收益率持续高于实体收益率。非金融企业部门在实体经济不景气和虚拟经济过度繁荣的双重作用下，也开始脱离原有主业业务，呈现出金融资产投资倾向。当前，我国经济增长进入新常态，实体投资机会和回报率逐渐降低，相较于投资周期长、回报率低的生产性投资活动，金融资产投资的期限更短、收益率更高。金融收益率与实体回报率差距的拉大，使得越来越多的非金融企业从主营业务中抽离出来，更倾向于将资金配置到影子信贷市场，参与影子银行业务以期牟取高额利差收益，而非用于生产经营活动（韩珣、田光宁和李建军，2017）。因此，我们提出假设 H3 - 2。

假设 H3 - 2：金融与实体收益率之差越大，非金融企业的影子银行化趋势越强。

目前，我国经济增长进入新常态阶段，实体投资机会和投资回报率不断下降，金融资产投资成为生产性投资的"替代性投资方式"，在实体投资不足的背景下，非金融企业影子银行规模不断膨胀。此外，在货币紧缩的情况下，影子银行体系通过金融创新、延长信用主体链条和通道业务等方式来规避金融监管，非正规信贷规模将有所提高。相反，在货币主体宽松的时期，信贷资源可得性较高，经济主体更倾向于从银行取得低息贷款，影子信贷市场规模将会收缩。因此，经济增长减速、全社会固定资产投资规模降低以及货币供给紧缩，对非金融企业的影子银行规模具有显著的正向影响。有鉴于此，提出假设 H3 - 3。

假设 H3 - 3：经济增长放缓、实体投资机会减少、货币紧缩的宏观经济环境下，非金融企业的影子银行化趋势越强。

我国银行信贷配给问题导致大量盈利能力较差、依赖外部输血得以存续的僵尸企业大量存在，对企业创新、信贷配给效率和经济增长等多方面带来了负面影响（谭语嫣等，2017）。政企合谋、政策性保护以及银行防止不良贷款显化动机（Peek，2005），使得大量无盈利能力且资不抵债的企业，仍能够通过获得政府补贴或者金融机构低息贷款的方式，在行业中继续存活下去，进而成为僵尸企业（黄少卿和陈彦，2017）。一方面，僵尸企业自身不具备生产经营能力，内部资金积累能力较差，导致其经营风险远高于行业平均水平；另一方面，这些企业"僵而不死"，吸纳了主流机构大量低息、优质的信贷资源，并且不存在利用金融资本转化为产出和利润的能力，进一步加剧了信贷配置失衡和低效的问题。僵尸企业在不存在实体投资机会和外部资金输血式供应的双重作用下，从事影子银行业务以期弥补亏损的动机更强。因此，僵尸企业相较于盈利能力较强、成长性较高的企业，外部融资水平的提高和金融与实体收益率之差的拉大，对其影子银行化规模的促进作用更为显著。有鉴于此，我们提出假设 H3 - 4a 和 H3 - 4b。

假设 H3 - 4a：相较于非僵尸企业，外部融资能力的提高对僵尸企业影子银行化规模的促进作用更强。

假设 H3 - 4b：相较于非僵尸企业，金融与实体收益率之差的提高对僵尸企业影子银行化规模的促进作用更强。

我国金融管制、直接融资市场不发达以及"体制内贷款"等问题，导致信贷资源大多集中于投资回报率较高，具有银企关系，且在市场和行业中处于垄断地位的经济主体手中。一方面，中小企业生产性投资需求旺盛，但受限于抵押品价值不足、财务报表披露不充分和借款风险较高等原因被排斥在金融边界之外，面临较强的信贷约束；另一方面，体制内企业因有政府的隐性担保、庞大的社会关系网络，在融资市场上备受青睐，低息、长期的优质信贷资源几乎被国有企业所垄断（王永钦等，2015）。国有企业更倾向于从银行或资本市场融入超过其生产经营所需的资金，转而通过委托贷款、委托理财和民间放贷等方式为中小企业融出资金。因此，国有企业相较于非国有企业，其影子银行化规模对外部融资能力的上升更为敏感。此外，国有企业对经济增长和就业的贡献远低于民营企业，金融与实体收益率差距的拉大，会进一步促进生产效率低下的国有企业从事影子信贷市场投融资活动。有鉴于此，我们提出假设 H3 -5a 和 H3 -5b。

假设 H3 -5a：相较于民营企业，外部融资能力的提高对国有企业影子银行化规模的促进作用更强。

假设 H3 -5b：相较于民营企业，金融与实体收益率差距的提高对国有企业影子银行化规模的促进作用更强。

第二节　研究数据与研究设计

一　数据来源

本书选取 2004—2015 年沪深两市上市公司的年度数据作为研究样本，剔除了数据不全、ST、PT 和金融行业上市公司的样本，数据来源于国泰安数据库、中经网等。此外，为了消除异常值的影响，对除了企业性质、上市年限外的企业层面连续变量进行了上下 1% 的 Winsorize 计算值处理。[①]

[①] 第四章非金融企业影子银行化的微观经济效应和第五章非金融企业影子银行化的宏观经济效应的实证数据来源与本章一致。

二 模型构建

本书将从外部融资能力、金融与实体收益率之差、宏观经济环境以及企业微观异质性四个层面构建指标，实证分析非金融企业影子银行化的影响因素。构建的实证模型如下所示。

$$SB_{i,t} = \theta_0 + \theta_1\, external\_\, F_{i,t} + \theta_2\, margin_{i,t} + \theta_3\, Macro_{i,t} + \theta_4\, Enterprise_{i,t} + u_i + \varepsilon_{i,t} \qquad (3-1)$$

其中，$SB_{i,t}$ 表示企业 i 在第 t 年的影子银行规模占总资产的比重。对于影子银行规模的测算，本书采用委托贷款、委托理财、民间借贷以及购买理财产品、信托产品、结构性存款和资产管理计划等类金融产品的规模加总得到。[①] 由于民间借贷具有较强的隐蔽性，本书借助 Jiang 等（2010）的思路，将"其他应收款"科目作为衡量企业之间资金漏损的代理变量。委托贷款数据根据沪深两市企业委托贷款公告整理得到，委托理财数据来自国泰安对外投资数据库，其他应收款金额来自上市公司资产负债表。企业通过购买银行理财、信托产品以及结构性存款等类金融产品参与到主流机构类影子银行体系信用创造的链条中，非金融企业投资于影子信贷产品的数据可以根据财务报表附注中"其他流动资产"明细科目分类整理得到。[②] $external\_\, F_{i,t}$ 表示企业的外部融资能力，我们采用股权融资与债权融资之和除以总资产来衡量，股权融资使用股本与资本公积之和，债权融资则采用短期借款、长期借款和发行债券三者加总得到。$margin_{i,t}$ 用来表示企业金融与实体收益率之差，本书参照张成思和张步昙（2016）的指标，金融收益率采用金融收益与金融资产的比

---

① 对于非金融企业影子银行化规模的测算，后文均采用委托贷款、委托理财、民间借贷以及购买银行理财、券商理财、信托产品和结构性存款等类金融产品的规模加总得到。

② "其他流动资产"明细科目给出了理财产品、信托产品和资产管理计划等类金融产品下一年期初值和本年期末值，用类金融资产期初值的滞后一期来衡量企业通过购买类金融资产参与到主流机构类影子银行体系信用创造的链条的规模。

值来反映，金融收益根据投资收益、公允价值变动损益、净汇兑损失扣除对联营和合营企业的投资收益计算，金融资产采用货币资金、交易性金融资产、衍生金融资产、可供出售金融资产、持有至到期投资、投资性房地产、应收股利、应收利息和短期投资净额来衡量；实体收益率则采用经营收益与经营资产之比反映，经营收益采用营业收入扣除营业成本、营业税及附加、期间费用和资产减值损失，经营资产用总资产扣除金融资产得到。$macro_{i,t}$ 是反映宏观因素的变量，本书主要考虑经济增长率、固定资产投资增长率和货币供给量增长率。$enterprise_{i,t}$ 是企业层面控制变量，本书主要控制了公司规模（$size$）、净资产收益率（ROE）、上市年限（age_list）、主营业务收入增长率（$growth$）、企业性质（SOE）、实际控制人拥有上市公司所有权比例即股权结构（$ownershare$）。

为了进一步考察僵尸企业和国有企业对外部融资能力和金融与实体收益率之差的敏感性，本书将僵尸企业（$zombie$）和企业性质（SOE）两个虚拟变量，分别与外部融资能力（$external\_F$）和金融收益率与实体收益率之差（$margin$）做交互项，如模型（3-2）至模型（3-5）所示。

$$
\begin{aligned}
SB_{i,t} = \ & \theta_0 + \theta_1 external\_F_{i,t} + \theta_2 external\_F_{i,t} zombie_{i,t} + \\
& \theta_3 zombie_{i,t} + \theta_4 margin_{i,t} + \theta_5 macro_{i,t} + \theta_6 enterprise_{i,t} + \\
& u_i + \varepsilon_{i,t}
\end{aligned} \tag{3-2}
$$

$$
\begin{aligned}
SB_{i,t} = \ & \theta_0 + \theta_1 external\_F_{i,t} + \theta_2 margin_{i,t} Zombie_{i,t} + \theta_3 zombie_{i,t} + \\
& \theta_4 margin_{i,t} + \theta_5 macro_{i,t} + \theta_6 enterprise_{i,t} + u_i + \varepsilon_{i,t}
\end{aligned} \tag{3-3}
$$

$$
\begin{aligned}
SB_{i,t} = \ & \theta_0 + \theta_1 external\_F_{i,t} + \theta_2 external\_F_{i,t} nature_{i,t} + \theta_3 nature_{i,t} + \\
& \theta_4 margin_{i,t} + \theta_5 macro_{i,t} + \theta_6 enterprise_{i,t} + u_i + \varepsilon_{i,t}
\end{aligned} \tag{3-4}
$$

$$
\begin{aligned}
SB_{i,t} = \ & \theta_0 + \theta_1 external\_F_{i,t} + \theta_2 margin_{i,t} nature_{i,t} + \theta_3 nature_{i,t} + \\
& \theta_4 margin_{i,t} + \theta_5 macro_{i,t} + \theta_6 enterprise_{i,t} + u_i + \varepsilon_{i,t}
\end{aligned} \tag{3-5}
$$

对于僵尸企业的界定，本书参照申广军（2016）的研究，采用实际利润法和过度借贷法来识别僵尸企业，并且通过引入僵尸企业虚拟变量与外部融资结构、金融与实体收益率之差的交互项，来进一步识别僵尸企业的影子银行化行为。具体地，如果一个企业同时满足以下三个条件：（1）资产负债率高于50%；（2）实际利润为负，其中实际利润采用利润总额减营业外收入；（3）负债比上一年有所增长，本书即将其认定为僵尸企业，虚拟变量取值为1，否则取值为0。[①] 若僵尸企业虚拟变量与外部融资占比或者金融与实体收益率之差的交互项系数为正，则说明外部融资能力的提高或者金融行业相对于实体经济收益率的高企，会导致僵尸企业相较于非僵尸企业，其影子银行化规模上升得更快。同理，如果国有企业与外部融资占比或金融与实体收益率之差的交互项系数为正，则说明外部融资占比的提高，或金融与实体收益之差的提高，对国有企业影子银行化规模的促进作用更强。本书选取的变量和计算方法如表3-1所示。

表3-1　　　　　　　　　　　变量定义表

变量	描述	测算方法
SB	非金融企业影子银行化规模	将委托贷款、委托理财、民间借贷以及购买理财产品、信托产品、结构性存款、资产管理计划规模加总（外部融资规模），除以总资产
external_F	外部融资能力	股本、资本公积、短期借款、长期借款和发行债券规模加总（总资产）
margin	金融与实体收益率之差	金融收益率 - 实体收益率
gdp_g	经济增长率	本期 GDP/上期 GDP - 1
fixassetinv_g	固定资产投资增长率	本期全社会固定资产投资总额/上期全社会固定资产投资总额 - 1
m2_g	货币供给增长率	本期 M2/上期 M2 - 1
size	企业规模	总资产的对数
ROE	净资产收益率	净利润/股东权益

---

① 对于僵尸企业的认定，后文依然采用实际利润法和过度借贷法来划分僵尸企业和非僵尸企业，与此处相一致。

续表

变量	描述	测算方法
age_ list	上市年限	当年所在年份 – 公司上市年份
growth	成长性	本年主营业务收入/上年主营业务收入 – 1
SOE	企业性质	国有企业为1，非国有企业为0
ownershare	股权结构	实际控制人拥有上市公司所有权的比例
zombie	僵尸企业与否	僵尸企业为1，非僵尸企业为0

第三节　实证结果分析

一　回归结果分析

表3 – 2中第（2）列至第（3）列报告了在不同信息集下，非金融企业影子银行化规模影响因素的回归结果。其中，第（3）列给出了考虑企业外部融资能力、金融与实体收益率之差、宏观经济环境以及微观企业异质性四个方面因素后的实证结果。我们可以看到，外部融资规模与总资产占比的系数（*external_ F*）为0.1088，在1%的统计水平下显著为正，说明外部融资能力较强的企业从事影子银行活动的意愿更强，验证了假设 H3 – 1。金融与实体收益率之差（*margin*）的系数并不显著。宏观层面上，经济增长率、固定资产投资增长率和货币供给增长率的系数分别在1%、5%和10%的统计水平下显著为负，说明经济增长放缓、实体投资机会减少以及货币紧缩会进一步强化非金融企业的影子银行化趋势，研究假设 H3 – 3 得到验证。企业微观异质性因素方面，规模较大、上市年限较短的企业影子银行化趋势更加明显。

表 3 - 2   非金融企业影子银行化的影响因素

	（1）	（2）	（3）
	FE	FE	FE
external_ F	0. 1008 ***	0. 1088 ***	0. 1088 ***
	(0. 016)	(0. 005)	(0. 005)
margin	—	0. 0004	0. 0005
		(0. 003)	(0. 003)
gdp_ g	—	—	- 0. 7699 ***
			(0. 127)
fixassetinv_ g	—	—	- 0. 1918 **
			(0. 053)
m2_ g	—	—	- 0. 3356 ***
			(0. 044)
size	0. 2653 *	0. 1988 **	0. 1973 **
	(0. 099)	(0. 049)	(0. 050)
ROE	- 0. 0002	0. 0002	0. 0003
	(0. 001)	(0. 000)	(0. 000)
age_ list	- 0. 0420 *	- 0. 0305 **	- 0. 0418 ***
	(0. 018)	(0. 007)	(0. 008)
growth	- 0. 0000	- 0. 0000	- 0. 0000
	(0. 000)	(0. 000)	(0. 000)
SOE	- 0. 0346	- 0. 0112	- 0. 0119
	(0. 020)	(0. 010)	(0. 010)
ownershare	- 0. 0042	- 0. 0033	- 0. 0036
	(0. 003)	(0. 002)	(0. 002)
常数项	- 5. 2645 **	- 3. 9640 **	- 3. 6167 **
	(1. 887)	(0. 969)	(0. 968)
观测值	16654	16652	16652
R^2	0. 802	0. 869	0. 869
个体固定效应	控制	控制	控制

续表

	（1）	（2）	（3）
	FE	FE	FE
时间固定效应	未控制	未控制	未控制

注：括号内为聚类到行业层面的稳健标准误，＊＊＊、＊＊、＊分别表示在1%、5%和10%统计水平下显著。①②

　　为了进一步探究外部融资能力和金融与实体收益率之差在不同企业之间的异质性效应，本书将外部融资占比和金融与实体收益率之差分别与僵尸企业虚拟变量和国有企业虚拟变量进行交互项回归，实证结果如表3－3所示。表3－3中第（1）列和第（2）列分别给出了僵尸企业虚拟变量与外部融资能力和金融与实体收益率之差的交互项回归结果。表3－3第（1）列中，外部融资能力与僵尸企业虚拟变量的交互项（zombie×external_ F）系数为0.1162，在1%的统计水平下显著为正，说明外部融资能力的提高会导致僵尸企业影子银行化规模，相较于非僵尸企业上升得快。第（2）列中金融与实体收益率之差与僵尸企业虚拟变量的交互项系数为0.2394，在5%的统计水平下显著为正，表明金融与实体收益率差距的拉大会进一步促进僵尸企业的影子银行化活动。因此，僵尸企业与非僵尸企业相比，在外部资金支持、金融行业利润高企的引诱下开展影子银行

---

　　①　本书采用面板固定效应进行回归，模型中控制了企业层面的个体固定效应，但是没有控制时间固定效应。原因在于，本书的核心控制变量包括经济增长率、固定资产投资增长率和货币供给增长率，三者都是时间序列变量，如果控制时间固定效应，那么上述三个变量在回归中将被剔除。本章后续的回归结果均没有控制时间固定效应。

　　②　在非金融企业影子银行化的影响因素分析中，模型的拟合程度 R^2 较高。为了证明本书实证结果的可靠性，进一步对所有变量进行了相关性检验，发现非金融企业影子银行化规模与外部融资能力之间的相关系数为0.1722，在1%的统计水平下显著，其余控制变量与被解释变量之间的相关系数均小于0.1。进一步地，采用方差膨胀因子对模型进行多重共线性检验，发现模型并不存在多重共线性问题。此外，我们进一步采用变量替换的方法进行稳健性检验，结论均表明本书的实证结果是稳健的，模型拟合程度较高。

业务的动机更强。

表 3-3   僵尸企业和国有企业影子银行化规模对外部融资能力
和金融收益率与实体收益率之差的敏感性

	（1）	（2）	（3）	（4）
	Zombie	Zombie	SOE	SOE
external_ F	0.0043	0.1076***	0.0009	0.0298
	(0.004)	(0.005)	(0.001)	(0.020)
margin	0.0003	-0.0027	0.0000	-0.0007
	(0.000)	(0.001)	(0.000)	(0.000)
zombie × external_ F	0.1162***	—	—	—
	(0.005)			
zombie × margin	—	0.2394**	—	—
		(0.072)		
SOE × external_ F	—	—	0.1212***	—
			(0.001)	
SOE × margin	—	—	—	16.2852**
				(4.476)
zombie	-0.1784**	0.1337**	—	—
	(0.044)	(0.042)		
SOE	-0.0057	-0.0126	-0.0944***	-0.0070
	(0.008)	(0.010)	(0.005)	(0.020)
宏观层面控制变量	控制	控制	控制	控制
微观层面控制变量	控制	控制	控制	控制
观测值	16652	16652	16652	16652
R^2	0.978	0.871	0.982	0.950
个体固定效应	控制	控制	控制	控制
时间固定效应	未控制	未控制	未控制	未控制

注：括号内为聚类到行业层面的稳健标准误，***、**分别表示在1%、5%统计水平下显著。

表 3-3 中第（3）列和第（4）列进一步给出了国有企业虚拟

变量与外部融资能力和金融与实体收益率之差交互项的回归结果。我们可以看到，国有企业虚拟变量与融资结构以及金融与实体收益率之差的交互项系数分别为 0.1212 和 16.2852，分别在 1% 和 5% 的统计水平下显著为正。说明国有企业相较于民营企业，其影子银行化规模对外部融资能力和金融与实体收益率之差的上升更为敏感。

二　稳健性检验

为了进一步证明本书实证结果的稳健性，采用金融与实体收益率的比值，反映金融行业与实体部门收益率之间的相对差距，表3-4 给出了非金融企业影子银行化影响因素的实证分析结果。

表3-4　　　　稳健性检验1：非金融企业影子银行化的影响因素

	（1）	（2）	（3）
	FE	FE	FE
external_F	0.1008 ***	0.1088 ***	0.1088 ***
	（0.016）	（0.005）	（0.005）
margin	—	0.0000	0.0000
		（0.000）	（0.000）
gdp_g	—	—	-0.7695 ***
			（0.126）
fixassetinv_g	—	—	-0.1916 **
			（0.052）
m2_g	—	—	-0.3355 ***
			（0.045）
size	0.2653 *	0.1988 **	0.1973 **
	（0.099）	（0.049）	（0.050）
ROE	-0.0002	0.0002	0.0003
	（0.001）	（0.000）	（0.000）
age_list	-0.0420 *	-0.0305 **	-0.0418 ***
	（0.018）	（0.007）	（0.008）

	（1）	（2）	（3）
	FE	FE	FE
growth	− 0. 0000	− 0. 0000	− 0. 0000
	（0. 000）	（0. 000）	（0. 000）
narure	− 0. 0346	− 0. 0112	− 0. 0119
	（0. 020）	（0. 010）	（0. 010）
ownershare	− 0. 0042	− 0. 0033	− 0. 0036
	（0. 003）	（0. 002）	（0. 002）
常数项	− 5. 2645 **	− 3. 9642 **	− 3. 6169 **
	（1. 887）	（0. 969）	（0. 968）
观测值	16654	16652	16652
R^2	0. 802	0. 869	0. 869
个体固定效应	控制	控制	控制
时间固定效应	未控制	未控制	未控制

注：括号内为聚类到行业层面的稳健标准误，＊＊＊、＊＊、＊分别表示在1%、5%和10%统计水平下显著。

表3-4中第（1）列到第（3）列分别是在不同信息集下的回归结果，我们可以看到，外部融资能力的系数在1%的统计水平下显著为正，说明如果企业从金融中介和资本市场获得融资的能力越强，则非金融企业的影子银行化规模越高。金融与实体收益率之差的系数并不显著。从宏观因素来看，经济增长放缓、实体投资机会减少以及货币供给增速的下降，会进一步促进非金融企业的影子银行化行为，本书的结论依然成立。

表3-5 稳健性检验1：僵尸企业和国有企业影子银行化规模的影响因素

	（1）	（2）	（3）	（4）
	zombie	zombie	SOE	SOE
external_ F	0. 0043	0. 1088 ***	0. 0009	0. 1088 ***
	（0. 004）	（0. 005）	（0. 001）	（0. 005）

续表

	（1）	（2）	（3）	（4）
	zombie	*zombie*	*SOE*	*SOE*
margin	− 0. 0000	− 0. 0000	− 0. 0000	0. 0000
	（0. 000）	（0. 000）	（0. 000）	（0. 000）
zombie × external_ F	0. 1162 ***	—	—	—
	（0. 005）			
zombie × margin	—	0. 0000 ***	—	—
		（0. 000）		
SOE × external_ F	—	—	0. 1212 ***	—
			（0. 001）	
SOE × margin	—	—	—	0. 0000
				（0. 000）
zombie	− 0. 1784 **	0. 1128 **	—	—
	（0. 044）	（0. 039）		
SOE	− 0. 0057	− 0. 0111	− 0. 0944 ***	− 0. 0119
	（0. 008）	（0. 010）	（0. 005）	（0. 010）
宏观层面控制变量	控制	控制	控制	控制
微观层面控制变量	控制	控制	控制	控制
观测值	16652	16652	16652	16652
R^2	0. 978	0. 869	0. 982	0. 869
个体固定效应	控制	控制	控制	控制
时间固定效应	未控制	未控制	未控制	未控制

注：括号内为聚类到行业层面的稳健标准误，＊＊＊、＊＊分别表示在1%、5%统计水平下显著。

表3－5中第（1）列和第（2）列分别给出了僵尸企业虚拟变量与外部融资能力、金融和实体收益率之差的交互项回归结果。表3－5中第（3）列和第（4）列则对应企业所有制性质与外部融资能力和金融与实体收益率之差的交互项的实证结果。我们可以看到，僵尸企业和国有企业虚拟变量与外部融资能力的交互项系数分别为0. 1162和0. 1212，均在1%的统计水平下显著为正，说明相较于非

僵尸企业和非国有企业,外部融资能力的提高对僵尸企业和国有企业影子银行化趋势的促进作用更强。金融与实体收益率之差与僵尸企业虚拟变量的交互项系数在1%的统计水平下显著为正,说明僵尸企业相较于非僵尸企业,其影子银行化规模对金融与实体收益率之差的上升更为敏感。因此,本书的结果没有发生实质性改变,说明研究结论是稳健的。

第四节　本章小结

一　研究结论

在我国金融市场不发达、国有银行垄断经营的经济环境下,实体部门普遍存在结构性资金供求不均衡的现象。具有融资优势的企业部门,通过正规途径融入资金,转而以委托代理、商业信用、股权创新等方式开展影子银行业务,以期牟取短期投资收益。本章在金融理论和现有对影子银行体系研究的基础上,剖析了非金融企业影子银行化的影响因素。结果表明:第一,外部融资能力越强,非金融企业影子银行化规模越大。第二,随着我国经济金融化趋势的日益增强,金融与实体收益率之差的拉大也会进一步促进非金融企业影子银行化行为。第三,经济增长放缓,全社会固定资产投资减少以及货币紧缩等经济环境的变化,会加剧非金融企业影子银行化趋势。第四,从微观企业异质性角度来看,规模越大,上市年限越短的企业,从事影子银行业务的动机更为强烈。第五,僵尸企业和国有企业能够获得政府和银行体系的资金支持,且实体投资机会较少,进而导致其影子银行化规模对外部融资能力提高和金融与实体收益率之差的变动更为敏感。

二　政策建议

非金融企业影子银行化的运行机制及其对宏观经济的影响路径

不同于金融机构类影子银行参与主体。非金融企业影子银行化行为会增加企业部门的财务风险，挤出实体投资，造成系统性风险集聚，从而增加宏观经济运行的脆弱性。因此，为规制非金融企业影子银行化行为，我们提出以下政策建议：其一，加强企业参与影子银行活动的识别机制，全面把握企业参与影子银行业务的模式，并且完善非金融企业影子银行化规模的测算方法。其二，完善财务报表披露机制，对上市公司募集资金的来源、投向及变更进行监督，进而从根本上抑制企业部门通过会计科目的操作，以隐蔽的方式从事影子银行业务的行为。其三，适当降低企业和金融部门杠杆，加快僵尸企业的处理，完善实体投资环境，鼓励企业创新，促进产业结构升级，以期经济活动的重心由金融逐利行为回归到生产经营活动中。

第 四 章

非金融企业影子银行化的
微观经济效应

习近平总书记在党的十九大报告中明确指出，深化金融体制改革，增强金融服务实体经济的能力，健全货币政策和宏观审慎政策双支柱调控框架，完善金融监管体系，守住不发生系统性风险的底线。随着我国经济增长进入新常态，基于原有制度设计的粗放型增长模式带来的结构性失衡问题逐渐凸显。金融体系逐利性动机的增强，进一步加剧了地区、企业、产业以及经济主体间发展不均衡的矛盾。信贷配给低效、杠杆率高企以及僵尸企业等一系列问题实则反映了我国金融体系与实体经济的背离。金融部门已经偏离原有服务于实体经济的初衷，以层出不穷的金融创新和监管套利为手段，逐渐成为社会资源和经济利益的攫取者。

随着我国经济进入"三期叠加"阶段，在经济发展向形态更高级、结构更合理的演进过程中，增速换挡、结构调整以及前期政策消化必然会导致一些行业和企业在经济调整的过程中受到较大的冲击，经济政策不确定性和经济风险不断积累。经济增长放缓、投资环境较差以及政府经济政策的不确定性，导致企业实体投资意愿也在不断下降。然而，金融部门能够挣脱实体经济长期低迷的束缚，获得高于实体投资的高额收益率。金融体系通过过度金融创新、产品嵌套以及通道业务等方式来逃避金融监管，不断将资金配置到金融体系内部，在一定程度上导致了资金在虚拟经济内部空转，金融部门也逐渐背离服务实体经济的初衷。金融部门与实体部门之间的收益率逐渐拉大，则进一步强化了企业部门参与金融市场的动机。很多上市公司开始充当信用中介，为中小企业等流动性短缺的部门放贷，这些游离于监管之外的信用创造活动已经构成影子银行体系的一部分（Du J.，et al.，2017；王永钦等，2015）。

企业部门承担着物质生产的职责，是经济增长的动力所在，企业将大量资源和精力集中于高风险影子信贷市场投融资活动的逐利性行为，必然会对其经营绩效产生影响。非金融企业部门将金融资本和人力资源转向高杠杆、高风险的影子信贷市场投资活动，会降低企业参与主营业务投资和生产创新活动的意愿，加剧实体部门与金融市场之间的风险传染性，增加企业经营风险。经营绩效和经营风险是企业微观市场表现的两个重要维度。因此，本章将试图探究非金融企业影子银行化对经营绩效和经营风险的影响，以期对非金融企业影子银行化的微观经济效应研究做出有益的补充。

目前，对非金融企业影子银行化与经营风险之间关系的研究非常有限。有鉴于此，本章拟在这一领域做出一定的补充，从理论和经验层面深入探究非金融企业影子银行化的微观经济效应。利用2004—2015年沪深两市 A 股上市公司的数据，实证检验非金融企业影子银行化对经营绩效和经营风险的影响。

与已有文献相比，本章的主要贡献在于：第一，根据非金融企业是否直接作用于信用创造的主体，将其划分为两种不同业务模式，并从微观视角提出企业部门在两种业务模式下参与影子银行业务规模的测算方法。第二，从总量和结构两个方面，实证检验了非金融企业影子银行化对经营绩效和盈利结构的影响，为从微观角度分析企业影子银行业务规模与经营绩效之间的关系提供了一个比较完善的分析框架。第三，剖析了非金融企业影子银行化对经营风险的影响和在不同业务模式下企业部门之间以及部门与金融部门之间的风险传导机制。第四，在前文理论分析和经验分析的基础上，提出抑制非金融企业过度影子银行化、防范系统性风险的发生以及促进金融市场平稳发展的政策建议。

第一节　非金融企业影子银行化与经营绩效

一　理论分析与研究假设

长期以来，正规金融机构大量优质的金融资源被体制内国有企业部门所垄断。信贷市场的利率管制和准入门槛滋生了企业过度负债、寻租和道德风险等行为（安强身，2008）。信贷配置低效使得金融支持与实体经济发展不匹配，体制内金融资本的漏损无法避免。目前，很多非金融企业从银行或金融市场融入超额资金后，转而充当信用中介向其他企业放贷，这些游离于监管之外的信用创造活动是现有多元化影子银行体系的重要组成部分（王永钦等，2015）。非金融企业影子银行化广义上属于"金融化"的范畴，即企业部门利润和资本积累不再依赖于剩余价值的生产和交换，而由金融投资和投机活动占主导（Epstein，2006；张成思和张步县，2015）。卢峰和姚洋（2004）认为，金融资源从国有部门到私人部门的漏损能够在一定程度上纠正信贷资源初次配置失衡的问题。体制内到体制外的金融漏损对预算强约束的中小企业构成了"反哺"效应，基于企业之间的非正规金融体系的良性循环有助于提高金融效率。然而，也有部分学者认为，企业利用超募资金从事影子银行活动，会进一步加剧融资地位不平等问题。企业部门之间资金的二次配置会增加中小企业的融资成本，进而导致社会福利的净损失（刘珺、盛宏清和马岩，2014）。

目前，非金融企业通过购买银行理财、券商理财、私募基金、结构性存款等金融产品，或者通过委托理财、委托贷款、股权众筹以及民间借贷等合规或者黑箱操作的方式从事影子银行业务（韩珣、田光宁和李建军，2017）。王永钦等（2015）利用2618家上市公司的合并资产负债表，通过三种策略识别出中国非金融企业的影子银行活动，并发现国有企业相较于民营企业、成熟期企业相较于成长期企业参与影子银行业务的动机更强。我国实体经济长期疲软，投资收益不断下滑以及国内外经济政策不确定性的上升，导致越来越多的企业从原有主营业务中抽离出来，从事风险和收益率更高的影子银行活动。宋军和陆旸（2015）对2007—2012年A股上市公司资产负债表进行重整和收益剥离后发现，企业非货币性金融资产规模与经营收益率存在显著的倒"U"形关系，即业绩良好和业绩较差的企业受"富余效应"和"替代效应"的影响，倾向于持有更多的金融资产。随着经济金融化趋势的不断增强，金融部门与实体经济之间投资回报率的差距将逐渐拉大。实体经济经营利润下滑导致企业部门的传统生产性活动受到负面冲击，影子银行远高于银行基准利率的贷款利差和监管缺位则进一步滋生了非金融企业影子银行化行为。自利的管理层通过委托代理、民间借贷以及股权创新等方式开展影子银行业务，获取投资收益，以期达到提高经营绩效、粉饰财务报表的目的（刘珺、盛宏清和马岩，2014）。张成思和张步昙（2016）提出，微观层面企业金融化对实体经济具有挤出效应，从而在宏观层面上反映为实体投资率的降低。因此，非金融企业影子银行化行为对经营绩效的影响，取决于金融行业高额利润带来的金融收益的增加和对实体投资挤出引致的经营收益下降。有鉴于此，本书提出两个备择假设。

假设H4 – 1 – 1a：从整体上看，非金融企业影子银行化会提高经营绩效。

假设H4 – 1 – 1b：从整体上看，非金融企业影子银行化会降低经营绩效。

非金融企业从事高风险、高杠杆的影子银行业务不仅会对经营绩效产生影响，还会造成盈利结构的变化。余琰和李怡宗（2016）以非正式金融系统中增长最快的高息委托贷款作为影子银行业务的代表，研究发现企业当年委托贷款规模的增加对整体盈利能力没有显著影响，但是会降低未来营业利润和资产收益率，并增加营业外利润和资产收益率。企业部门在影子银行体系利润的吸引下，通过直接充当信用中介或者购买影子信贷产品等方式开展影子银行业务，以期实现股东利益最大化的目的，能够提高金融收益（宋军和陆旸，2015）。然而，企业对金融利润的过度追逐也会对实体经济造成一定程度的挤出，进而压缩经营收益（胡奕明、王雪婷和张瑾，2017）。因此，提出本章的第二个假设。

假设 H4 - 1 - 2：从盈利结构上看，非金融企业影子银行化会增加金融收益，但对经营收益有显著的负面影响。

企业将过度的精力和资本投入影子信贷市场，必然会导致对经营资产投入的减少，进而在宏观层面上反映为实体投资率下降（张成思和张步昙，2016）。具体而言，假定企业外部融资能力是给定的，金融收益率相较于实体收益率的高企，会促进经理人改变生产性投资在企业投资决策中的优先顺序，使金融投资优于实体投资，从而降低经营收益（Orhangazi，2007；Demir，2009）。谢家智等（2014）通过构建企业技术创新投资模型，并利用制造业上市公司数据实证检验发现，制造业的过度金融化行为会抑制其技术创新能力。余琰和李怡宗（2016）从管理层短视的视角出发得到的结论表明，企业从事高息委托贷款业务会降低未来的专利产出和实体投资水平。

非金融企业影子银行化不仅会通过影响企业投资规模作用于经营收益，还会通过影响企业的投资效率而对企业生产经营活动产生一定的影响。近年来，通过充当实质性信用中介或者购买类金融产品活跃于影子银行体系的非金融部门大多是国有大型上市公司，并且在融资市场上具有优势地位（韩珣、田光宁和李建军，2017；刘珺、盛宏清和马岩，2014）。银行授信能够弥补企业内部现金流不足，但过度授信会强化经理人的机会主义倾向，从而促进企业过度投资行为，降低投资效率（Sufi et al.，2009；罗党论、应千伟和常亮，2012）。对融资约束越弱、公司治理环境越差以及政企关系越强的企业而言，银行授信对企业投资效率的提升作用越小（应千伟和罗党论，2012）。非金融企业影子银行化会降低内部自由现金流，并对实体投资形成替代，从而抑制企业过度的非效率投资行为，提高经营收益（王彦超，2009；黄乾富和沈红波，2009）。非金融企业影子银行化通过投资挤出机制和效率提升效应两种渠道作用于经营收益。因此，本章提出 H4-1-3a 和 H4-1-3b。

假设 H4-1-3a：非金融企业影子银行化通过降低企业投资规模而降低经营收益。

假设 H4-1-3b：非金融企业影子银行化通过提高企业投资效率而提高经营收益。

二　模型构建

为了研究非金融企业影子银行化对经营绩效的影响，本书构建如下模型（4-1）：

$$ROA_{i,t} = \alpha_0 + \alpha_1 SB_{i,t} + \rho X_{i,t} + \sum \delta_i YEAR + \sum \omega_i IND +$$
$$\mu_i + \varepsilon_{i,t} \qquad (4-1)$$

其中，因变量 ROA（经营绩效）采用净利润/总资产来衡量。$SB_{i,t}$ 表示非金融企业影子银行化规模的对数值，YEAR 为年份虚拟变量，IND 为行业虚拟变量。本书将委托贷款、委托理财、民间借贷以及理财产品、信托产品、结构性存款和资产管理计划等影子银行产品的规模加总来衡量非金融企业影子银行化规模。"其他流动资产"明细科目中披露了银行理财、券商理财、信托产品以及结构性存款等类金融产品规模的期初值和期末值，分别将影子信贷资产当年期末值和下一年期初值与委托贷款、委托理财和民间借贷规模横向求和再取对数值。此外，参照已有研究（黄俊、陈信元和张天舒，2013；邓建平和曾勇，2009），我们控制了公司规模（size）、财务杠杆（lev）、企业主营业务收入增长率（growth）、上市年限（age_list）、现金水平（cfo）、企业性质（nature）和股权结构（owner-

share）等变量。若 α_1 的估计值显著大于零，则表明非金融企业影子银行化会提高经营绩效，验证 H4 – 1 – 1a；反之，若 α_1 的系数显著为负，则支持假设 H4 – 1 – 1b。

本书假设 H4 – 1 – 2 则进一步探究非金融企业影子银行化对盈利结构的影响。对于经营收益和金融收益的衡量，本书借鉴宋军和陆旸（2015）的方法，利用 Penman – Nissim 分析框架，从上市公司利润表中剥离出经营收益和金融收益。其中，金融收益主要包括利息收益、投资收益和公允价值变动损益，经营收益采用营业利润减去金融收益来衡量，之后再将经营收益和金融收益分别取对数处理，构建模型如下所示。若 β_1 的系数为负，且 γ_1 的系数为正，则验证了 H4 – 1 – 2。

$$Operate\_\ Rev_{i,t} = \beta_0 + \beta_1 SB_{i,t} + \rho\ X_{i,t} + \sum \delta_i YEAR +$$
$$\sum \omega_i IND + \mu_i + \varepsilon_{i,t} \qquad (4-2)$$

$$Fin\_\ Rev_{i,t} = \gamma_0 + \gamma_1 SB_{i,t} + \rho\ X_{i,t} + \sum \delta_i YEAR +$$
$$\sum \omega_i IND + \mu_i + \varepsilon_{i,t} \qquad (4-3)$$

进一步验证假设 H4 – 1 – 3a 和 H4 – 1 – 3b，即非金融企业影子银行化主要通过企业投资规模和投资效率对经营收益产生影响。本书借鉴 Baron 和 Kenny（1986）以及温忠麟等（2004）提出的中介效应检验方法，构建递归模型检验非金融企业影子银行通过投资规模和投资效率对经营收益的传导机制。企业投资规模以现金流量表中购买固定资产、无形资产及其他长期资产支付的现金计算，并用当期总资产对其进行标准化。对于企业投资效率的计量，本书根据 Richardson（2006）的研究，构建企业正常投资模型，将对正常投资水平的偏离程度视为无效率投资。具体地，我们参照辛清泉等（2007）和饶品贵等（2017）构建正常投资模型（4 – 4）：

$$Invscale_{i,t} = \varphi_0 + \varphi_1 Invscale_{i,t-1} + \varphi_2 TobinQ_{i,t-1} + \varphi_3 size_{i,t-1} +$$
$$\varphi_4 lev_{i,t-1} + \varphi_5 age\_\ list_{i,t-1} + \sum \delta_i YEAR +$$

$$\sum \omega_i IND + \mu_i + \varepsilon_{i,t} \qquad (4-4)$$

模型（4-4）中$Invscale_{i,t}$表示企业i在第t年的投资规模，进一步控制了企业投资水平的滞后一阶、托宾Q值、公司规模、资产负债率、上市年限，并加入了行业和年份虚拟变量。如果回归的残差值大于零，则表明企业存在过度投资；小于零，则说明企业投资不足。因此，采用残差的绝对值来衡量企业的非效率投资。

中介效应是指自变量X对因变量Y不是直接的因果关系，而是通过一个或一个以上的变量（M）间接产生影响，M就是中介变量，X通过M进而间接影响Y就是中介效应。为了进一步有效地识别"非金融企业影子银行化→投资规模（投资效率）→经营收益"的传导机制。本书构建基于双重中介变量的递归模型：

$$Invscale_{i,t} = \theta_0 + \theta_1 SB_{i,t} + \rho X_{i,t} + \sum \delta_i YEAR + \sum \omega_i IND +$$
$$\mu_i + \varepsilon_{i,t} \qquad (4-5)$$

$$Invscale\_resid_{i,t} = \sigma_0 + \sigma_1 SB_{i,t} + \rho X_{i,t} + \sum \delta_i YEAR +$$
$$\sum \omega_i IND + \mu_i + \varepsilon_{i,t} \qquad (4-6)$$

$$Operate\_Rev_{i,t} = \tau_0 + \tau_1 SB_{i,t} + \tau_2 Invscale_{i,t} + \tau_3 Invscale\_resid_{i,t} +$$
$$\rho X_{i,t} + \sum \delta_i YEAR + \sum \omega_i IND + \mu_i + \varepsilon_{i,t}$$
$$(4-7)$$

具体检验步骤为：第一步，对模型（4-2）进行回归，检验非金融企业影子银行化对经营绩效的回归系数β_1是否显著，如果系数β_1显著为负，说明非金融企业影子银行化会降低经营收益，反之则提高经营收益，继续进行下一步；如果系数β_1不显著，则停止检验。第二步，分别对模型（4-5）和模型（4-7）进行回归，如果θ_1和τ_2的系数都显著，则进一步检验系数τ_1是否显著，如果τ_1显著则表明间接中介效应成立，即非金融企业影子银行化通过影响投资规模进而作用于经营绩效。如果τ_1不显著，则存在完全中介效应。假设θ_1和τ_2的系数至少有一个不显著，那么需要进一步采用

Sobel（1982）检验。如果 Sobel 检验显著，则说明企业投资规模的中介效应存在，否则中介效应不存在。第三步，分别检验模型（4-6）和模型（4-7）中 σ_1、τ_3 和 τ_1 的显著性，检验的具体步骤与第二步相同，如果 σ_1、τ_3 和 τ_1 的系数都显著，或者 σ_1、τ_3 至少有一个不显著，但 Sobel 检验显著，则表明企业投资效率的中介效应存在，否则不存在中介效应，结束检验。

三 实证结果分析

（一）回归结果分析

1. 非金融企业影子银行化与经营绩效

表 4-1 给出了非金融企业影子银行化对经营绩效的影响，表 4-1 中第（1）和第（3）列与第（2）和第（4）是将财务报表附注中其他流动资产科目下理财产品、信托产品和资产管理计划等类金融产品下一年期初值和本年期末值，分别与委托贷款、委托理财和民间借贷规模加总得到的企业影子银行规模。其中，第（1）、第（2）列面板固定效应的回归结果显示，影子银行规模 SB 的系数为正，且在1%统计水平下显著，说明从整体来看，非金融企业影子银行化会提高企业经营绩效，验证了假设 H4-1-1a。

表 4-1　　　　非金融企业影子银行化对经营绩效的影响

	（1）	（2）	（3）	（4）
	FE_ ROA	FE_ ROA	IV_ ROA	IV_ ROA
SB	0. 1253 ***	0. 1291 ***	1. 4212 ***	1. 1386 ***
	(0. 022)	(0. 024)	(0. 194)	(0. 159)
size	-2. 0269 *	-1. 7251 *	-3. 3551 ***	-2. 7682 ***
	(0. 819)	(0. 714)	(0. 260)	(0. 214)
lev	-2. 2881 ***	-2. 2761 ***	-2. 3062 ***	-2. 2905 ***
	(0. 020)	(0. 020)	(0. 011)	(0. 010)

续表

	（1）	（2）	（3）	（4）
	FE_ ROA	*FE_ ROA*	*IV_ ROA*	*IV_ ROA*
growth	0.0000	0.0000	0.0000	0.0000
	（0.000）	（0.000）	（0.000）	（0.000）
age_ list	0.2529 *	0.2152 *	− 0.0074	0.1769
	（0.097）	（0.084）	（0.276）	（0.253）
cfo	− 3.0848	− 3.1356	− 2.8929 ***	− 2.9853 ***
	（4.520）	（4.487）	（0.352）	（0.322）
SOE	− 0.0870	− 0.1196 *	− 0.0450	− 0.1071
	（0.042）	（0.044）	（0.263）	（0.228）
ownershare	0.0225 **	0.0182 *	0.0344 ***	0.0275 ***
	（0.008）	（0.008）	（0.011）	（0.009）
常数项	40.1257 *	34.0631 *	—	—
	（16.575）	（14.403）		
Anderson canon. corr. LM	—	—	0.0000 ***	0.0000 ***
Cragg − Donald Wald F	—	—	2014.944	2457.966
观测值	16643	18997	15523	17805
R^2	0.780	0.777	0.776	0.774
个体固定效应	控制	控制	控制	控制
时间固定效应	控制	控制	控制	控制

注：括号内为聚类到行业层面的稳健标准误，***、**、*分别表示在1%、5%和10%统计水平下显著。

考虑到企业影子银行活动与经营绩效之间可能的内生性问题，本书将企业影子银行规模的滞后一阶作为工具变量，在两种不同非金融企业影子银行规模的测算方法下，工具变量回归结果中 *SB* 的系数分别为1.4212和1.1386，且均在1%统计水平下显著为正，说明非金融企业影子银行化能够带来企业经营绩效的提升，与假设H4 - 1 - 1a相符。

2. 非金融企业影子银行化与盈利结构

表4 - 2报告了非金融企业影子银行化对盈利结构的影响，其

中，第（1）列和第（2）列报告了不同测算方法下非金融企业影子银行规模对经营收益的影响。回归结果显示，*SB* 的系数均在5%统计水平下显著为负，说明非金融企业影子银行化会降低经营收益。表4－2中第（3）列和第（4）列分别给出了影子银行规模对金融收益的影响，系数分别为0.1965和0.2142，均在1%统计水平下显著为正，可见，企业将资金投资于回报率较高的影子银行业务能够增加金融收益。因此，非金融企业影子银行化会对盈利结构产生影响，具体体现为经营收益的提高和金融收益的下降，假设 H4－1－2 成立。

表4－2   非金融企业影子银行化对盈利结构的影响

	（1）	（2）	（3）	（4）
	Operate_ Rev	*Operate_ Rev*	*Fin_ Rev*	*Fin_ Rev*
SB	− 0. 0415 ***	− 0. 0323 **	0. 1965 ***	0. 2142 ***
	(0. 004)	(0. 009)	(0. 018)	(0. 016)
size	0. 9987 ***	1. 0148 ***	0. 4657 ***	0. 4208 ***
	(0. 011)	(0. 008)	(0. 019)	(0. 014)
lev	− 0. 7339 *	− 0. 7572	0. 0171	0. 0072
	(0. 344)	(0. 371)	(0. 016)	(0. 017)
growth	0. 0000	0. 0000	0. 0000	0. 0000
	(0. 000)	(0. 000)	(0. 000)	(0. 000)
age_ list	− 0. 0230 **	− 0. 0283 **	0. 1394 ***	0. 1428 ***
	(0. 008)	(0. 007)	(0. 007)	(0. 007)
cfo	1. 9406 ***	1. 9890 ***	0. 0062	0. 0217
	(0. 292)	(0. 270)	(0. 089)	(0. 096)
SOE	0. 0431	0. 0604	− 0. 0043	− 0. 0012
	(0. 041)	(0. 037)	(0. 026)	(0. 041)
ownershare	0. 0089 **	0. 0087 ***	− 0. 0024	− 0. 0034
	(0. 002)	(0. 002)	(0. 001)	(0. 002)
常数项	− 2. 6000 ***	− 3. 0889 ***	1. 0443	1. 7471 **
	(0. 512)	(0. 519)	(0. 609)	(0. 479)

续表

	（1）	（2）	（3）	（4）
	Operate_ Rev	*Operate_ Rev*	*Fin_ Rev*	*Fin_ Rev*
观测值	13080	14849	10668	12448
R^2	0.292	0.307	0.159	0.185
个体固定效应	控制	控制	控制	控制
时间固定效应	控制	控制	控制	控制

注：括号内为聚类到行业层面的稳健标准误，＊＊＊、＊＊、＊分别表示在1%、5%和10%统计水平下显著。

（二）进一步检验：中介效应检验

表4-3报告了递归回归模型框架下，非金融企业影子银行化通过企业投资规模和投资效率两个中介变量对经营收益的传导机制的实证检验结果。表中第（1）列、第（2）列和第（4）列分别对应实体投资变量的中介效应回归结果。表中第（1）列的估计结果显示，非金融企业影子银行化对经营收益影响的回归系数在1%统计水平上显著为负，表明非金融企业影子银行化会降低经营收益。第（2）列中企业影子银行规模（*Invscale*）的回归系数为－0.0031，在1%统计水平下显著为负，表明非金融企业影子银行化会降低其自身生产性投资水平。表4-3中第（4）列是同时加入投资规模和投资效率两个中介变量的回归结果，其中，企业投资规模中介变量（*Invscale*）的系数在5%统计水平上依然是显著的，说明中介效应显著。表中第（1）、第（3）、第（4）列则是从企业投资效率的角度进行实证检验。表4-3中进一步给出了企业影子银行规模对非效率投资的回归结果，可以看出，非金融企业影子银行化会降低企业过度投资和投资不足程度，进而提高经营绩效，表4-3中第（4）列投资偏差（*Invscale_ resid*）的回归系数在5%统计水平下是显著的，进一步证明了第二个中介变量企业投资效率的存在。因此，非金融企业影子银行化行为主要通过投资规模和投资效率两个中介变量对经营收益产生截然相反的两种影响。从整体上看，非金融企业影子银

行化会降低经营绩效,因此,实体投资规模下降的"挤出机制"对经营收益的负面影响大于后者"效率提升效应"对经营收益的正向作用。

表4-3   中介效应检验

	(1)	(2)	(3)	(4)
	Operate_ Rev	*Invscale*	*Invscale_ resid*	*Operate_ Rev*
SB	-0.0415 ***	-0.0031 ***	-0.0008 **	-0.0310 ***
	(0.004)	(0.000)	(0.000)	(0.005)
Invscale	—	—	—	1.3753 **
				(0.412)
Invscale_ resid	—	—	—	-0.3094 **
				(0.103)
控制变量	控制	控制	控制	控制
观测值	13080	16622	15054	11826
R^2	0.292	0.047	0.027	0.296
个体固定效应	控制	控制	控制	控制
时间固定效应	控制	控制	控制	控制

注:括号内为聚类到行业层面的稳健标准误,***、**、*分别表示在1%、5%和10%统计水平下显著。

(三)稳健性检验

1. 内生性

考虑到公司持有各类类金融资产可能与经营绩效存在一定的内生性问题(宋军和陆旸,2015),本书采用双重差分法对非金融企业影子银行化与经营绩效之间的关系进行重新检验。2008年以后,委托贷款、委托理财以及各类银行理财产品迅速扩张。因此,我们将2007年之后的年份均设为*Post*。本书根据企业影子银行化的规模,分别将高于分年度、分行业影子银行规模3/4(4/5)分位数和低于1/4(1/5)分位数的企业,划分为处理组(*Treated*)和控制组

（*Control*），实证检验非金融企业影子银行化与经营绩效之间的实际
因果效应。DID 模型的构建如式（4 – 8）所示。

$$ROA_{i,t} = \mu_0 + \mu_1 Treated_i \times Post_t + u_2 Treated_i + u_3 Post_t + \rho X_{i,t} +$$
$$\mu_i + \varepsilon_{i,t} \qquad\qquad (4 - 8)$$

表 4 – 4 中的第（1）列［第（2）列］为按照高于影子银行规
模 3/4（4/5）分位数与低于影子银行规模 1/4（1/5）分位数划分为
处理组和控制组，并且将资产收益率（*ROA*）作为被解释变量的
DID 双重差分结果。我们可以看到，处理变量和实验期的交互项
（*Treated × Post*）系数在 5% 统计水平下显著为正，表明非金融企业
影子银行化会增加企业经营绩效，进一步验证了本书的结论。表中
第（3）和第（4）列则报告了用息税前利润率（*EBITR*）来衡量企
业经营绩效情况下的 DID 双重差分回归结果。2008 年影子银行规模
迅速扩张，使得影子银行业务活跃的企业相较于影子银行业务规模
较低企业的经营绩效更高。本书结论没有发生实质性改变。

表 4 – 4　　　　　　　　　　　稳健性检验：双重差分法

	（1）	（2）	（3）	（4）
	ROA	*ROA*	*EBITR*	*EBITR*
Treated × Post	0.8389 **	0.8760 **	0.9835 **	1.0358 **
	(0.297)	(0.220)	(0.343)	(0.256)
Treated	− 0.8869	− 1.2939	− 1.0376	− 1.5173
	(0.425)	(0.664)	(0.500)	(0.781)
控制变量	控制	控制	控制	控制
常数项	− 16.7615 **	− 31.7034 **	− 20.1372 **	− 37.7365 **
	(4.989)	(8.789)	(5.946)	(10.459)
观测值	8178	6482	8178	6482
R^2	0.487	0.562	0.488	0.561
个体固定效应	控制	控制	控制	控制
时间固定效应	控制	控制	控制	控制

注：括号内为聚类到行业层面的稳健标准误，** 表示在 5% 统计水平下显著。

为了证明双重差分法（DID）的可靠性，本书进一步检验了平行趋势假设，分别将实验期的前两期和滞后三期设置为时间虚拟变量，并将它与处理组虚拟变量的交互项引入模型中。回归结果表明，冲击前的前两期，时间虚拟变量与处理变量的交互项系数并不显著，2008 年以后时间虚拟变量与处理组虚拟变量的交互项在 10% 的统计水平下显著为正。平行趋势假设得到满足，证明了本书实证结果是可靠的。

表4－5   DID 的平行趋势检验

	（1）	（2）
	DID	DID
Treated × *Post_* 2006	－ 0.0573	－ 0.0325
	（0.191）	（0.221）
Treated × *Post_* 2007	－ 0.3035	－ 0.0357
	（0.179）	（0.129）
Treated × *Post_* 2008	1.2749 *	1.7023 *
	（0.473）	（0.641）
Treated × *Post_* 2009	0.9056	1.3485
	（0.484）	（0.725）
Treated × *Post_* 2010	0.5680 **	1.0815 **
	（0.189）	（0.297）
Treated × *Post_* 2011	0.6528 **	0.3150 *
	（0.220）	（0.116）
Treated	－ 0.5915	－ 1.0856
	（0.498）	（0.689）
控制变量	控制	控制
常数项	－ 17.6104 **	－ 33.2153 **
	（5.041）	（8.899）
观测值	8178	6482
R^2	0.487	0.563
个体固定效应	控制	控制
时间固定效应	控制	控制

注：括号内为聚类到行业层面的稳健标准误，＊＊＊、＊＊、＊分别表示在1%、5%和10%统计水平下显著。

在现实中，非金融企业的影子银行化行为并非随机事件，可能受到企业经营风险和其他因素的共同影响，模型可能存在选择性偏差和内生性问题。因此，为了证明结论的可靠性，本书拟采用倾向得分匹配倍差法（PSM – DID）做进一步检验。具体而言，我们采用一对一近邻匹配方法，从影子银行化程度较低的企业中，匹配出与影子银行化规模活跃的企业特征相类似的控制企业样本集合，并且采用 logit 模型，将企业规模（*size*）、主营业务收入增长率（*growth*）、上市年限（*age_ list*）、现金流水平（*cfo*）、企业性质（*SOE*）、股权结构（*ownershare*）等变量作为匹配特征进行控制。为了保证匹配结果的可靠性，本书对匹配变量进行了平衡性检验[①]，匹配后的标准差绝对值小于 20%，匹配效果较好。

表 4 – 6 给出了倾向得分匹配倍差法的实证结果，我们可以看到，*Treated × Post* 的系数在 5% 统计水平下显著为正，说明非金融企业影子银行化规模对经营绩效存在显著的提升作用。与前文的研究假设相一致，可见本书的结论是稳健的。

表 4 – 6　　　　　　　　稳健性检验：PSM – DID 检验

	（1）	（2）	（3）	（4）
	ROA	*ROA*	*EBITR*	*EBITR*
Treated × Post	0. 8389 **	0. 8760 **	0. 9835 **	1. 0358 **
	（0. 297）	（0. 220）	（0. 343）	（0. 256）
Treated	− 0. 8869	− 1. 2939	− 1. 0376	− 1. 5173
	（0. 425）	（0. 664）	（0. 500）	（0. 781）
控制变量	控制	控制	控制	控制
常数项	− 16. 7615 **	− 31. 7034 **	− 20. 1372 **	− 37. 7365 **
	（4. 989）	（8. 789）	（5. 946）	（10. 459）
观测值	8178	6482	8178	6482
R^2	0. 487	0. 562	0. 488	0. 561

①　限于篇幅，本书未报告平衡性检验结果。

续表

	（1）	（2）	（3）	（4）
	ROA	*ROA*	*EBITR*	*EBITR*
个体固定效应	控制	控制	控制	控制
时间固定效应	控制	控制	控制	控制

注：括号内为聚类到行业层面的稳健标准误，＊＊表示在5%统计水平下显著。

2. 变量替换

在非金融企业影子银行化与经营绩效的基准回归中，本书使用资产收益率（ROA）来衡量企业经营绩效。稳健性检验中，我们将息税前利润率作为经营绩效的代理指标，得到的回归结果如表4-7所示。其中，第（1）、第（3）列和第（2）、第（4）列分别是加入不同控制变量的回归结果，表中第（1）、第（2）列和第（3）、第（4）列中对于影子银行规模的测算，分别采用理财产品、信托产品和资产管理计划等类金融产品下一年期初值和本年期末值与委托贷款、委托理财和民间借贷规模加总得到。我们可以看到，替换被解释变量后，*SB* 的系数在1%统计水平下仍然显著为正，即非金融企业影子银行化会提高经营绩效，验证了假设H4-1-1a，本书实证结果没有发生变化。

表4-7   **稳健性检验：替换变量**

	（1）	（2）	（3）	（4）
	EBITR	*EBITR*	*EBITR*	*EBITR*
SB	0.0961＊＊	0.1249＊＊＊	0.1033＊＊＊	0.1292＊＊＊
	（0.021）	（0.022）	（0.017）	（0.024）
控制变量	控制	控制	控制	控制
常数项	38.2105＊	42.1147＊	32.5471＊	35.7115＊
	（15.409）	（17.765）	（13.229）	（15.414）
观测值	18299	16643	20829	18997
R²	0.719	0.720	0.716	0.717

续表

	（1）	（2）	（3）	（4）
	EBITR	*EBITR*	*EBITR*	*EBITR*
个体固定效应	控制	控制	控制	控制
时间固定效应	控制	控制	控制	控制

注：括号内为聚类到行业层面的稳健标准误，＊＊＊、＊＊、＊分别表示在1%、5%和10%统计水平下显著。

在非金融企业影子银行化对盈利结构的影响研究中，前文对经营收益和金融收益的测算借鉴了 Penman – Nissim 分析框架，从利润表中剥离出经营收益和金融收益。在稳健性检验中，借鉴张成思和张步县（2016）的思路，其中经营收益采用（营业收入 – 营业成本 – 营业税及附加 – 期间费用 – 资产减值损失）来衡量，金融收益则根据（投资收益 + 公允价值变动损益 + 净汇兑收益扣除对联营和合营企业的投资收益）计算得到，替换核心变量之后的回归结果如表 4 – 8 所示。表中第（1）列和第（2）列是在影子银行规模两种测算方法下，非金融企业影子银行化对经营收益影响的面板固定效应回归结果，可以看到，SB 的系数分别为 – 0. 0415 和 – 0. 0325，在 1% 和 5% 统计水平下显著为负。表 4 – 8 中第（3）列和第（4）列则对应非金融企业影子银行化与金融收益的回归结果，两种测算方法下的系数均在 1% 统计水平下显著为正。显然，替换经营收益和金融收益之后，实证结果没有发生实质性改变，说明本书结论是稳健的。

表 4 – 8　　　　　　　　　稳健性检验：替换变量

	（1）	（2）	（3）	（4）
	*Operate_ Rev*1	*Operate_ Rev*1	*Fin_ Rev*1	*Fin_ Rev*1
SB	– 0. 0415 ＊＊＊	– 0. 0325 ＊＊	0. 2037 ＊＊＊	0. 2266 ＊＊＊
	（0. 004）	（0. 009）	（0. 033）	（0. 030）

	(1)	(2)	(3)	(4)
	*Operate_ Rev*1	*Operate_ Rev*1	*Fin_ Rev*1	*Fin_ Rev*1
控制变量	控 制	控 制	控 制	控 制
常数项	− 2.5962 ***	− 3.1155 ***	2.7514	3.8482 **
	(0.450)	(0.425)	(1.421)	(0.890)
观测值	12924	14690	10080	11838
R^2	0.297	0.310	0.087	0.112
个体固定效应	控 制	控 制	控 制	控 制
时间固定效应	控 制	控 制	控 制	控 制

注：括号内为聚类到行业层面的稳健标准误，***、**分别表示在 1% 和 5% 统计水平下显著。

第二节　非金融企业影子银行化与经营风险

一　理论分析与研究假设

金融与实体经济之间的关系一直是学术界关注的重点，金融通过有效发挥资源配置、风险管理和价格发现的职能，为实体部门融通资金，促进企业投融资和创新活动，进而实现经济增长（Levine，1997）。然而，2008 年国际金融危机的爆发，使得我们意识到脱离需求端的过度结构化金融创新，会导致金融体系逐渐偏离服务于实体经济的初衷，一旦游离于监管之外的信用创造行为肆意发展，金融市场的系统性风险不断积聚，最终必然会导致虚拟经济泡沫崩塌，甚至金融危机的爆发。随着我国经济增长进入新常态、经济全球化以及利率市场化进程的推进，经济结构逐渐呈现出两个趋势：一方面，金融、保险和房地产等泛金融部门在 GDP 贡献、吸纳就业等方面的比重不断攀升（张成思和张步昙，2015）。我国金融创新的不断发展，使得金融部门为经济提供流动性、优化金融资本最优配置和实现风险分散的功能逐渐被弱化，逐利性动机成为主流金融机构行为选择的决定性因素。从基准金融产品到金融衍生品，再到各类资产证券化、银行表外业务，最后到 P2P 和互联网理财，金融产品的创新已经逐渐脱离实体经济，成为监管套利和攫取高额利差收益的一种手段，在宏观层面上反映为金融杠杆高企和信贷资源配置低效的结构性失衡现象（李扬，2017）。另一方面，非金融企业在资产配置和利润积累方面也逐渐表现出金融化趋势，即制造业将更多的资源和精力集中于金融资产投机活动，生产性投资和技术创新活动受到抑制，经济"脱实向虚"趋势日益增强（张成思和张步昙，2015；谢家智、王文涛和江源，2014）。

我国长期金融压抑和信贷歧视的背景下，正规金融体系之外的放贷现象一直以不同的形式存在（王永钦等，2015）。国内外很早就有学者发现了金融资源以合规或者非合规的方式从体制内国有企业部门向体制外私人部门流动的金融漏损行为（卢峰和姚洋，2004）。安强身（2008）认为，企业部门之间的金融漏损对中小企业等融资劣势部门形成了"反哺效应"，能够在一定程度上弥补银行信贷配给低效的问题。但也有部分学者认为，融资优势方从银行、金融市场融入超过其自身生产经营所需的资金，转而通过银行理财、委托贷款、券商理财和地下金融等形式从事影子银行活动，会滋生企业部门的过度借贷行为（刘珺、盛宏清和马岩，2014）。非金融企业从主流金融体系融入资金，再将其放贷给中小企业的信贷资金二次配置行为会增加融资成本，加剧经济"脱实就虚"，从而降低整体社会福利水平。

非金融企业影子银行化虽然本质上属于企业金融化的范畴，但是影子银行体系高杠杆、信息不对称程度高以及法律主体不明确等特点，使得企业影子银行业务较股票、债券等主流金融资产投资的风险更高。非金融企业主要是出于"利润追逐"而非"预防性储蓄"动机开展影子银行业务。企业部门承担着物质资料生产的职能，对于金融资产合理配置、风险识别和风险管理的能力较弱。非金融企业从事金融资产投资活动的现金流一旦无法收回，必然会导致企业生产性投资活动受到负面冲击，甚至面临因发生流动性危机而破产的风险（沈红波、张广婷和阎竣，2013）。非金融企业从事高风险、流动性较差以及产品过度嵌套的影子银行活动，必然会导致企业增加未来资金不能及时收回引致的财务风险。企业的主营业务投资也会受到影子信贷资金不确定性带来的负面冲击，经营风险不断集聚。此外，非金融企业的影子银行化会加剧实体部门与金融市场的风险联动性，金融市场的巨幅波动也会影响企业未来现金流的不确定性，进而增加企业经营风险。有鉴于此，提出如下假设。

假设 H4 - 2 - 1：非金融企业影子银行化会增加经营风险。

目前，非金融企业部门主要通过两种方式开展影子银行业务。一是充当实质性信用中介，作为资金的直接融出方和信用创造的主体，通过委托代理、股权创新和民间借贷的方式为中小企业等资金需求方融出资金。二是通过购买银行理财、券商理财、信托产品以及结构性存款等类金融产品加入体制内影子银行的信用链条。影子银行体系具有交叉传染效应，即银行、非银行主流金融机构、各类类金融机构和民间金融会通过股权关系、融资担保、业务交叉等直接或者间接的联系导致信用风险、流动性风险、市场风险和操作风险在不同部门之间传染、延伸，进而增加整个金融体系的系统性风险（方先明和谢雨菲，2016）。非金融企业影子银行化会加剧经营风险，但在不同业务模式下，风险的传染机制有所差别。

企业充当实质性信用中介从事影子银行活动的情况下，未来现金流的不确定性主要取决于借款方的偿债能力，一旦借款企业的贷款无法如期归还，必然会以借贷双方的会计账户关联形式传递到开展影子银行业务的企业，并且通过降低其偿债能力而增加企业发生财务危机的风险。影子银行体系具有信用创造、流动性转换和期限转换的功能，信贷来源、资金需求和资金供给的顺周期性，导致游离于监管之外的影子信贷市场也表现出经济繁荣时急剧扩张，经济衰退时加快收缩的信贷顺周期性质（FSB，2011；方先明和权威，

2017)。影子信贷市场投资者的非理性行为和评级机构对金融资产的错误定价会增加资产端的逆向选择问题，以短期负债模式为主要方式的负债端也更容易因"挤兑"和"羊群效应"而引发流动性危机发生的可能性。如果企业以投资影子信贷市场产品的方式间接开展影子银行业务，将会加剧企业部门与金融体系之间的风险联动性，以及金融体系波动引致的影子信贷规模和影子信贷产品收益率的震荡，也会通过影响系统性风险联动效应传递到企业部门，进而增加经营风险。由此，提出假设 H4 - 2 - 2 和假设 H4 - 2 - 3。

假设 H4 - 2 - 2：企业通过充当实质性信用中介从事影子银行业务的情况下，借款方的违约风险将通过会计账户机制传导到资金融出方，进而增加经营风险。

假设 H4 - 2 - 3：企业通过间接参与影子信贷市场的方式从事影子银行业务的情况下，金融市场的风险将会通过系统性风险联动机制传染到企业，进而增加经营风险。

二　实证研究设计

为了验证假设 H4 - 2 - 1，我们构建以下回归模型来考察非金融企业影子银行化规模对经营风险的影响。

$$Risk_{i,t} = \alpha_0 + \alpha_1 SB_{i,t} + \delta X_{i,t} + \mu_i + \varepsilon_{i,t} \qquad (4-8)$$

上述回归方程中被解释变量 $Risk_{i,t}$ 表示企业的经营风险，主要采用两种方法来衡量企业的经营风险。一是采用 Atlman 提出的 Z 指数作为经营风险的代理指标。Z 指数的计算方法为：$risk\_Zscore$ = 1.2 × 营运资金/总资产 + 1.4 × 留存收益/总资产 + 3.3 × 息税前利润/总资产 + 0.6 × 股票总市值/负债账面价值 + 0.999 × 销售收入/总资产。Z 指数用于衡量企业陷入财务危机的可能性，该指数越小，表示经营风险水平越高。二是采用经行业和年度均值调整后的资产收益率（ROA）三年内标准差来衡量经营风险（翟胜宝等，2014），计算方法如式（4 - 9）和式（4 - 10）所示。其中，ROA 采用企业 i 在第 t 期的净利润与总资产的比值来衡量，为了进一步剔除行业异质性对企业利润率（ROA）可能的影响，首先采用式（4-9）对企业资产收益率按照年度和行业平均值进行调整。等号右边的第二项表示行业平均利润率，其中 t 表示所在年份，j 表示上市公司所在行业，Θ_j 表示行业 j 的企业集合，$N_{j,t}$ 表示在第 t 期所处行业 j 的企业总数量。$ROA\_adjust_{i,t}$ 即经过年度和行业均值调整后的企业资产收益率。其次，以 3 年（T = 3）为一个观测时段，采用滚动计算的方法测度该时段内经行业和年度均值调整后的企业利润率的标准差，具体方法如式（4-10）所示。其中，τ 表示观测时间段，q 表示在相应观测期内的年度序数，由于本书采用 3 年作为观测期，所以 q 取值为 1—3，Q 表示每个时间段内年度序数的最大值，故取 3，根据式（4-9）和式（4-10）可以计算得到 $ROA_{adjust\,iq\tau}^{adj}$，即可得到观测时间段 τ 内企业 i 的经营风险。企业资产收益率的波动性越高，说明经营风险越高。

$$ROA\_adjust_{i,t} = ROA_{i,t} - \frac{1}{N_{j,t}} \sum_{i \in \Theta_j} ROA_{i,t} \tag{4-9}$$

$$ROA_{adjust\,iq\tau}^{adj} = \sqrt{\frac{1}{Q-1} \sum_{q=1}^{Q} \left(ROA_{adjust\,iq\tau}^{adj} - \frac{1}{Q} \sum_{q=1}^{Q} ROA_{adjust\,iq\tau}^{adj} \right)^2}$$

$$\tag{4-10}$$

对于影子银行规模的测算，本书根据非金融企业影子银行化的业务机制，分别对实质性信用中介和影子信贷链条模式下非金融企业影子银行化规模进行测算。其中，实质性信用中介模式下，本书采用委托贷款、委托理财和民间借贷三类规模加总得到。企业在通过影子信贷链条间接参与影子信贷市场投融资活动的情况下，主要通过购买银行理财、券商理财、信托产品以及结构性存款等类金融产品参与到主流机构类影子银行体系信用创造的链条中。本书分别将两类影子银行业务规模占总资产的比重作为两类影子银行规模的代理变量，并将其加总得到非金融企业影子银行化的总规模。

此外，参照已有文献的研究，本书控制了企业规模（size）、净资产收益率（ROE）、上市年限（age_list）、主营业务收入增长率

（*growth*）、企业性质（*SOE*）和股权结构（*ownershare*）对经营风险的影响（苏坤，2016；余明桂、李文贵和潘红波，2013）。

为了进一步探究非金融企业不同业务模式下，企业部门之间、企业与金融市场之间的风险传染机制，构建模型（4－11）和模型（4－12）进行实证检验。

$$Risk_{i,t} = \beta_0 + \beta_1 \times SB\_ CI_{i,t} \times Fin\_ Index_{i,t} + \beta_2 \times SB\_ CI_{i,t} + \beta_3 \times$$
$$Fin\_ Index_{i,t} + \delta \times X_{i,t} + u_i + \varepsilon_{i,t} \qquad (4-11)$$

$$Risk_{i,t} = \gamma_0 + \gamma_1 \times SB\_ CC_{i,t} \times Market\_ Sys_{i,t} + \gamma_2 \times SB\_ CC_{i,t} +$$
$$\gamma_3 \times Market\_ Sys_{i,t} + \delta \times X_{i,t} + u_i + \varepsilon_{i,t} \qquad (4-12)$$

模型（4－11）用于检验企业充当信用中介直接向需求方融出资金的情况下，借贷企业之间风险通过会计账户的传导机制。其中，被解释变量经营风险采用 Z 指数来衡量，$SB\_ CI_{i,t}$ 表示企业 i 在第 t 期以直接信用中介模式从事影子银行业务的规模与总资产占比。当企业为融资需求方提供流动性，资金融入企业可能无法还款的风险必然会通过资产负债表的形式传递到资金融出企业，影响资金融出企业的财务指标，最直接的是企业因资金可能无法按期收回而对开展影子银行业务企业的偿债能力造成负面影响。非金融企业影子银行化引致的偿债能力的下降，会增加企业发生流动性危机的可能性，对其自身财务状况和主营业务造成负面冲击，进而加剧企业的经营风险。$Fin\_ Index_{i,t}$ 为企业偿债能力的财务指标，本书分别将流动比率、速动比率作为企业短期偿债能力的衡量指标，并且采用利息保障系数来衡量企业长期偿债能力，将上述偿债能力指标分别与信用中介类影子银行规模（$SB\_ CI$）做交互项，如果β_1的系数为正，则说明非金融企业影子银行化可能会因借款方潜在的还款风险导致企业偿债能力下降，进而增加经营风险，支持假设 H4－2－2。

模型（4－12）则探究了在企业通过购买影子信贷产品，间接参与到传统影子银行体系链条中的业务模式下，金融体系波动对经营风险的传染效应。影子银行体系的信贷顺周期性，使得影子信贷规模和投资收益率与金融市场的波动密切相关。非金融企业作为信用主体之一参与到影子信贷市场投融资活动中，会导致企业未来的财务状况和盈利波动与金融市场的联系更加紧密，金融体系的波动将会通过系统性风险联动机制传染到企业部门，从而对整个经济体系的运行造成一定的负面冲击。本书参考相关文献，分别将私人部门信贷/GDP 的五年移动平均标准差和金融机构贷款/GDP 五年移动标准差作为金融体系波动程度的测度指标（马勇和陈雨露，2017；马勇等，2016）。在基准模型中加入非金融企业间接参与影子信贷市场规模与总资产占比和金融体系波动指标的交互项，如果 γ 的系数为负，则说明如果企业通过购买各类影子信贷产品间接参与影子银行业务，会导致金融体系的震荡通过系统性风险联动效应传递到企业部门，增加企业经营风险，证明假设 H4 - 2 - 3 成立。

三　实证结果分析

（一）回归结果分析

1. 非金融企业影子银行化与经营风险

本书首先采用面板固定效应模型实证分析非金融企业影子银行化对经营风险的影响，结果列式于表 4 - 9 中。表 4 - 9 中第（1）列和第（2）列给出了将 Z 指数作为被解释变量的回归结果。Z 指数越小，说明企业发生流动性危机可能性增加引致的经营风险水平越高。可以看到，无论是否控制时间固定效应，面板固定效应模型回归中企业影子银行规模（SB）的系数均为 - 0.4576，在 1% 统计水平下显著为负，说明非金融企业影子银行化会增加企业发生财务危机的可能性，即加剧非金融企业的经营风险。表中第（3）列和第（4）列将资产收益率（ROA）经行业和年度均值调整后的三年移动标准差作为经营风险的代理指标，模型中 SB 的系数分别为 0.0390 和 0.0395，均在 1% 统计水平下显著为正。可见，非金融企业影子银行化会增加企业盈利能力的波动性，即提高经营风险，假设 H4 - 2 - 1 得到验证。

表4-9 非金融企业影子银行与经营风险

	（1）	（2）	（3）	（4）
	risk_ Zscore	risk_ Zscore	risk_ ROA_ adjust	risk_ ROA_ adjust
SB	- 0. 4576 ***	- 0. 4576 ***	0. 0390 ***	0. 0395 ***
	（0. 003）	（0. 003）	（0. 001）	（0. 001）
size	- 2. 2143	- 2. 2972	- 3. 6523 *	- 3. 1576
	（2. 212）	（2. 205）	（1. 587）	（1. 905）
ROE	0. 1038 ***	0. 1036 ***	0. 0143	0. 0225
	（0. 010）	（0. 010）	（0. 008）	（0. 017）
age_ list	0. 0969	0. 1095	0. 1553	0. 4656
	（0. 312）	（0. 333）	（0. 343）	（0. 219）
growth	0. 0000	0. 0000	- 0. 0001 ***	- 0. 0001 ***
	（0. 000）	（0. 000）	（0. 000）	（0. 000）
SOE	- 0. 0825	- 0. 1186	2. 9444	1. 3313
	（0. 338）	（0. 240）	（1. 530）	（0. 671）
ownershare	- 0. 0261	- 0. 0331	- 0. 0807	- 0. 0235
	（0. 025）	（0. 027）	（0. 057）	（0. 033）
常数项	51. 1751	53. 9968	82. 0276 *	64. 7666
	（44. 504）	（44. 027）	（33. 356）	（41. 780）
观测值	16581	16581	16652	16652
R^2	0. 965	0. 965	0. 180	0. 219
个体固定效应	控制	控制	控制	控制
时间固定效应	未控制	控制	未控制	控制

注：括号内为聚类到行业层面的稳健标准误，***、*分别表示在1%和10%统计水平下显著。

2. 融资约束、非金融企业影子银行化与经营风险

影子银行体系具有高杠杆、高风险和顺周期性的特征，以及产品过度嵌套引致的法律信用主体不明确等问题，使得非金融企业部门开展影子银行业务的风险较高，一旦借款方违约，必然会导致资金融出方增加发生财务危机的可能性，从而增加企业经营风险。因此，受融资约束程度较高的企业，相较于受融资约束程度较轻的企业，其影子银行化规模对经营风险的正向影响更为显著。

为了进一步检验融资约束、非金融企业影子银行化与经营风险

之间的关系，本书分别采用单个融资约束指标、KZ 指数和融资约束综合指标三种方法衡量企业的融资约束水平。第一种方式是将企业规模作为融资约束程度的代理变量（Guariglia and Mateut，2010），如果企业规模大于同行业同年度的中位数，那么将其认定为融资约束程度较轻的企业，反之，融资约束程度较重。此外，借鉴 Kaplan和 Zingales（1997）的思路构建 KZ 指数①，如果企业 KZ 指数高于同行业同年度的中位数，将其划分为融资约束程度高的企业，相反则属于融资约束程度较轻的企业。第三种方法，参照阳佳余（2012），从企业现金存量比率、商业信贷占比、公司规模、有形资产净值率、清偿比率、流动性比率、外资投入比重、资产收益率和销售净利率 9个方面构建融资约束综合指标。如果上述 9 个分项指标位于同行业同年度的 0—20%、20%—40%、40%—60%、60%—80%、80%—100%，那么将变量分别定义为 5—1，分别计算 9 类分项指标位于何种分位值，并且将对应数值加总得到融资约束综合指标。该指标数值越大，说明企业受到的融资约束程度越高，所处的融资环境越差。

表 4 - 10 给出了非金融企业影子银行化对融资约束程度不同的企业经营风险的异质性影响。本书采用 Z 指数来衡量企业经营风险②。

———————————

① KZ 指数构建的具体步骤为：（1）对经营性现金流净额/总资产、现金股利/总资产、现金持有/总资产、资产负债率和托宾 Q 值进行分类，如果经营性现金流净额占比低于同年度同行业的中位数，则取 1，否则取 0；如果现金股利/总资产低于同年度同行业的中位数时取 1，否则取 0；如果现金持有/总资产低于同年度同行业的中位数时取 1；如果资产负债率高于同行业同年度中位数时取 1，否则取 0；如果托宾 Q 值高于同行业同年度中位数时取 1，否则取 0。（2）计算 KZ 指数，$KZ = kz1 + kz2 + kz3 + kz4 + kz5$。（3）采用排序逻辑回归，估计各个变量的回归系数。（4）根据回归结果将分项指标带入，求出 KZ 指数。KZ 指数越大，说明企业融资约束程度越高。

② 本书也采用资产收益率三年内的波动率作为企业经营风险的代理指标，研究融资约束程度不同的企业的影子银行化规模对经营风险的异质性影响。分别采用公司规模、KZ 指数和融资约束综合指标（Score）划分融资约束程度高或低的企业，实证结果均表明，在融资约束程度高的企业中，其影子银行化规模对 ROA 波动率的正向影响更为显著，即在融资约束程度较高的企业，影子银行化规模对经营风险的促进作用更为显著，证明了本书结论的稳健性。

表中第（1）列和第（2）列将公司规模作为融资约束程度的衡量指标，在融资约束程度较高的企业中，企业影子银行规模（*SB*）的系数在1%统计水平下显著为负；在融资约束程度较低的企业中影子银行规模（*SB*）的系数仅在10%统计水平下显著为负，并且影子银行规模（*SB*）系数的绝对值（0.0114）小于融资约束程度较高企业的系数绝对值（0.4585）。表4－10中第（3）列和第（4）列，采用KZ指数衡量企业的融资约束程度，结果表明，只有在融资约束程度较高的企业，非金融企业影子银行化行为会显著提高经营风险，然而，这一效应在融资环境较好的企业中并不明显。融资环境较差的企业参与到高风险、高杠杆以及信用主体链条复杂的影子银行活动中，如果对资金需求方的委托贷款和民间借贷无法及时收回，必然会导致其内部现金流不足，对企业的财务状况和生产性投资造成负面影响，从而导致企业面临较高的经营风险。相较而言，融资优势型企业能够从金融中介和资本市场融入资金，因影子信贷市场投资损失而发生流动性危机的可能性较小。表4－10中第（5）列和第（6）列进一步采用融资约束综合指标来划分融资约束程度高和融资约束程度低的企业进行实证研究，得到的结论与前文一致。

表4－10　　　　　　　　**融资约束、非金融企业影子银行与经营风险**

	（1）	（2）	（3）	（4）	（5）	（6）
	HFC_ Size	LFC_ Size	HFC_ KZ	LFC_ KZ	HFC_ Score	LFC_ Score
SB	− 0.4585 ***	− 0.0114 *	− 0.4553 ***	− 0.0029 *	− 0.4582 ***	− 0.1039
	(0.003)	(0.005)	(0.003)	(0.001)	(0.003)	(0.124)
size	− 6.3392	− 0.1299 ***	− 4.1442	− 0.1524 ***	− 4.9761	2.5997
	(5.198)	(0.020)	(4.373)	(0.007)	(2.348)	(3.003)
ROE	0.1099 ***	0.0073	0.1111 ***	0.0095 **	0.1136 ***	0.0032
	(0.018)	(0.006)	(0.016)	(0.003)	(0.012)	(0.004)
age_ list	− 0.0113	0.0225 **	0.1744	0.0160 **	0.2930	− 0.3592
	(0.525)	(0.006)	(0.578)	(0.004)	(0.377)	(0.438)

续表

	（1）	（2）	（3）	（4）	（5）	（6）
	HFC_ Size	LFC_ Size	HFC_ KZ	LFC_ KZ	HFC_ Score	LFC_ Score
growth	−0.0304	−0.0000*	−0.0009	0.0000	0.0000**	0.0005
	（0.032）	（0.000）	（0.001）	（0.000）	（0.000）	（0.001）
SOE	−1.2125	0.0384	−0.0831	0.0535*	−0.0043	−0.1277
	（0.710）	（0.020）	（0.448）	（0.021）	（0.455）	（0.180）
ownershare	−0.0602	0.0053**	−0.0329	0.0035	0.0101	−0.0093
	（0.068）	（0.001）	（0.045）	（0.002）	（0.047）	（0.015）
常数项	139.8549	3.7637***	92.5760	4.2759***	108.9067*	−51.4781
	（102.310）	（0.409）	（86.702）	（0.160）	（45.963）	（60.761）
观测值	7792	8789	8670	7911	9395	7186
R^2	0.966	0.056	0.959	0.043	0.969	0.060
个体固定效应	控制	控制	控制	控制	控制	控制
时间固定效应	控制	控制	控制	控制	控制	控制

注：括号内为聚类到行业层面的稳健标准误；***、**、*分别表示在1%、5%和10%统计水平下显著；HFC_ Size（LEC_ Size）为以公司规模衡量的融资约束程度高（低）的企业组，HFC_ KZ（LFC_ KZ）为以KZ指数衡量的融资约束程度高（低）的企业组，HFC_ Score（LFC_ Score）为以融资约束综合指标衡量的融资约束程度高（低）的企业组。

3. 公司治理、非金融企业影子银行化与经营风险

目前，非金融企业可以通过发行委托贷款、委托理财等合规方式开展影子银行业务，也可以通过地下融资等非合规渠道，以过桥贷款等方式为中小企业和房地产部门等资金需求方提供流动性支持。因此，在公司治理较差、委托代理问题较为严重的企业中，经理人从事高收益、高风险的影子银行业务，以期实现自身收益最大化的动机更强，在一定程度上增加了未来企业现金的不确定性，导致企业的经营风险也更高。为了进一步考察公司治理存在差异的企业影子银行规模与经营风险之间的关系，本书借鉴伊志宏等（2010）的指标，从股权结构、董事会特征和高管激励三个层面设计公司治理情况的代理指标。具体地，选取产权性质（State）、独董占比（Indi-

rector)、高管持股占比（*Mshare*）来划分公司治理高效和低效的企业。如果企业是国有企业，独立董事占比低于同行业同年度的中位数且高管持股占比低于同行业同年度的中位数，则将其认定为治理较差的企业；反之，为公司治理较好的企业。

表 4 – 11　　　　　公司治理、非金融企业影子银行与经营风险

	（1）	（2）	（3）	（4）	（5）	（6）
	LCG	HCG	LCG	HCG	LCG	HCG
SB	- 0.4577 ***	- 0.0603 ***	- 0.4607 ***	- 0.1150 ***	- 0.4594 ***	- 0.0233 **
	(0.000)	(0.012)	(0.001)	(0.013)	(0.002)	(0.007)
size	0.6194	- 2.9168	2.2575	- 1.6898	- 3.5106	0.6822 ***
	(0.697)	(4.823)	(1.866)	(1.417)	(4.484)	(0.108)
ROE	- 0.0576	0.2381 ***	0.0578	0.1819 ***	0.1080 ***	0.3268 ***
	(0.087)	(0.008)	(0.223)	(0.002)	(0.001)	(0.032)
age_ list	- 0.2590	0.3581	- 0.4363	0.2264	0.2159	- 0.1042 ***
	(0.145)	(0.583)	(0.297)	(0.198)	(0.537)	(0.023)
growth	0.0000	0.0003	- 0.0000	- 0.0027	0.0001	0.0000 ***
	(0.000)	(0.001)	(0.000)	(0.001)	(0.000)	(0.000)
SOE	—	—	- 0.1264	0.1621	0.0226	- 0.1793 **
			(0.187)	(0.140)	(0.157)	(0.060)
ownershare	0.0307 **	0.0205	- 0.0436	0.0282	- 0.0225	0.0090 **
	(0.009)	(0.034)	(0.040)	(0.016)	(0.021)	(0.002)
常数项	- 9.4126	60.6800	- 39.6097	35.7216	78.8845	- 13.0375 ***
	(14.811)	(98.148)	(36.431)	(28.777)	(91.637)	(2.150)
观测值	5362	11219	9372	7209	8055	8526
R^2	0.998	0.019	0.996	0.040	0.969	0.238
个体固定效应	控制	控制	控制	控制	控制	控制
时间固定效应	控制	控制	控制	控制	控制	控制

注：括号内为聚类到行业层面的稳健标准误；＊＊＊、＊＊分别表示在1%和5%统计水平下显著；LCG 和 HCG 分别表示治理效率低或高的企业组。

表 4 – 11 给出了非金融企业影子银行化对公司治理效率不同的

企业的经营风险的异质性影响。表 4 - 11 中第（1）列和第（2）列给出了根据所有制性质进行划分的治理效率低和治理效率高的企业的影子银行化规模对经营风险的影响。企业影子银行化规模的系数在治理效率低的企业中为 - 0.4577，在 1% 统计水平下显著为负，大于统计公司治理效率高的企业的影子银行规模系数的绝对值（0.0603）。可见，非金融企业影子银行化对治理效率较低的企业的经营风险的负向影响更为明显。相较而言，治理效率较高的企业对影子信贷市场风险的反应和调节能力更快，能够抑制系统性金融风险对企业部门生产和经营活动的负面影响。此外，本书进一步将独立董事占比和高管持股占比作为治理效率的代理指标，考察了非金融企业影子银行化与经营风险之间的关系。具体来看，如果企业的上述两个指标高于所在行业和年度的中位数，则是治理较好的企业，否则是代理成本较高的企业。治理环境存在差异的企业之间的异质性影响的回归结果如表 4 - 11 所示。非金融企业影子银行化对经营风险的负面影响在治理环境较差、代理成本更高的企业中更为显著，而治理效率较高的企业，可以在一定程度上规避高杠杆、高风险影子银行业务对财务状况和主营业务的不利冲击。本书的结论没有发生变化。

（二）进一步检验：非金融企业影子银行化与经营风险的传导机制

为了进一步检验非金融从事影子银行业务引致的企业部门之间、企业部门与金融市场的风险传导机制，本书将信用中介类影子银行规模和影子信贷链条类规模分别与企业偿债能力指标和金融体系风险进行交互项检验。

表 4 - 12 给出了信用中介类影子银行规模的传导机制，非金融企业利用外部融资或者内部闲置资金从事高风险的影子银行业务时，借款企业的还贷风险会通过资产负债表关联，将风险以会计账户形式传导到资金融出方，降低企业财务指标的稳健性，尤其是因流动性紧张对企业长短期偿债能力造成影响。因此，本书将流动比率、

速动比率作为企业短期偿债能力的代理指标，并且用利息保障系数衡量企业长期偿债能力，分别与信用中介类影子银行规模交互项检验。表4－12中第（1）列中信用中介类影子银行规模与流动比率的交互项（$SB\_CI \times ratio\_liq$）的系数为0.2590，在1%统计水平下显著为正，表明如果企业通过委托贷款和地下借贷等渠道，作为风险承担方和实质性信用中介为其他企业放贷，借款方潜在的还款风险将会通过降低企业短期偿债能力，增加财务风险和未生产性投资的不确定性，而加剧放贷企业的经营风险。表4－12中第（2）列信用中介类影子银行规模与速动比率（$SB\_CI \times ratio\_qui$）交互项的系数在1%统计水平下显著为正，得到的结果与第（1）列相一致。

表4－12　　　　　信用中介类影子银行规模对经营风险的影响

	（1）	（2）	（3）	（4）
SB_CI	－0.3751***	－0.4415***	－0.0424	－0.0441
	（0.005）	（0.005）	（0.030）	（0.030）
$SB\_CI \times ratio\_liq$	0.2590***	—	—	—
	（0.001）			
$ratio\_liq$	－0.6907**	—	—	—
	（0.219）			
$SB\_CI \times ratio\_qui$	—	0.3064***	—	—
		（0.003）		
$ratio\_qui$	—	－0.8656*	—	—
		（0.334）		
$SB\_CI \times InterestA$	—	—	0.0048	—
			（0.003）	
$InterestA$	—	—	－0.0287*	—
			（0.013）	
$SB\_CI \times InterestB$	—	—	—	0.0050
				（0.003）
$InterestB$	—	—	—	－0.0318**
				（0.011）

续表

	（1）	（2）	（3）	（4）
size	3. 9730 **	0. 2493	14. 7590 ***	14. 3243 ***
	(0. 880)	(2. 058)	(2. 862)	(2. 935)
ROE	0. 0814 ***	0. 0687 ***	5. 1789	5. 4486
	(0. 007)	(0. 006)	(3. 451)	(3. 518)
age_ list	− 0. 8207 ***	− 0. 3051	− 2. 1671 ***	− 2. 1022 ***
	(0. 126)	(0. 327)	(0. 314)	(0. 327)
growth	0. 0000	0. 0000	− 0. 0001	− 0. 0001
	(0. 000)	(0. 000)	(0. 000)	(0. 000)
SOE	0. 2648	0. 1283	− 3. 1622 *	− 3. 1706 **
	(0. 848)	(0. 796)	(1. 154)	(1. 119)
ownershare	− 0. 0340	− 0. 0136	− 0. 0744	− 0. 0748
	(0. 020)	(0. 018)	(0. 093)	(0. 093)
常数项	− 89. 9971 ***	− 14. 4269	− 295. 1717 ***	− 286. 3502 **
	(17. 945)	(40. 983)	(63. 014)	(64. 756)
观测值	18937	18937	18937	18937
R^2	0. 794	0. 931	0. 326	0. 342
个体固定效应	控制	控制	控制	控制
时间固定效应	控制	控制	控制	控制

注：括号内为聚类到行业层面的稳健标准误，*** 、** 、* 分别表示在1%、5%和10%统计水平下显著。

表4 - 12 中后两列使用利息保障系数来衡量企业的长期偿债能力，第（3）列和第（4）列中的利息保障系数分别采用（净利润＋所得税费用＋财务费用）/财务费用和（净利润＋财务费用）/财务费用来衡量，并与信用中介类影子银行规模相乘，可以看到利息保障系数与信用中介类影子银行规模的交互项系数不显著。非金融企业通过委托贷款和过桥贷款等方式开展影子银行业务时，一般是期限较短的资金融通行为。因此，非金融企业作为直接资金融出方开展影子银行业务，借款方的还款风险会通过资产负债表关联渠道降

低企业偿债能力，增加企业经营风险，即证明了会计账户传导机制的存在，验证了本书假设 H4 – 2 – 2。此外，在偿债能力结构上，表现为通过降低企业短期偿债能力加剧经营风险，长期偿债能力的传导机制不显著。

表 4 – 13　　　　信用链条类影子银行规模对经营风险的影响

	（1）	（2）	（3）	（4）
SB_ CC	0. 4254 **	0. 4532 **	0. 3837 ***	0. 4082 **
	（0. 097）	（0. 120）	（0. 055）	（0. 091）
SB_ CC × Marketrisk	– 3. 4818 **	– 3. 5435 **	– 3. 5592 **	– 3. 5993 **
	（0. 818）	（1. 039）	（0. 852）	（1. 168）
Marketrisk	29. 2556 *	34. 3476 *	28. 8970 *	34. 2704
	（13. 079）	（15. 819）	（13. 070）	（16. 251）
Size	23. 7305	26. 7349 *	23. 7389	26. 7415 *
	（11. 146）	（11. 715）	（11. 149）	（11. 718）
ROE	0. 1136 *	0. 1635 ***	0. 1136 *	0. 1636 ***
	（0. 052）	（0. 015）	（0. 053）	（0. 015）
age_ list	– 3. 3435 *	– 3. 8262 *	– 3. 3229 *	– 3. 8025 *
	（1. 446）	（1. 522）	（1. 437）	（1. 513）
growth	– 0. 0001	– 0. 0001	– 0. 0001	– 0. 0001
	（0. 000）	（0. 000）	（0. 000）	（0. 000）
SOE	– 6. 1406 *	– 7. 0644 *	– 6. 1501 *	– 7. 0843 *
	（2. 478）	（3. 122）	（2. 483）	（3. 137）
ownershare	—	– 0. 0404	—	– 0. 0391
		（0. 122）		（0. 123）
常数项	– 485. 7896	– 545. 6171 *	– 485. 7998	– 545. 6168 *
	（229. 596）	（244. 471）	（229. 592）	（244. 508）
观测值	18099	16581	18099	16581
R²	0. 018	0. 019	0. 018	0. 019
个体固定效应	控制	控制	控制	控制
时间固定效应	未控制	未控制	未控制	未控制

注：括号内为聚类到行业层面的稳健标准误，*** 、** 、* 分别表示在 1% 、5% 和 10% 统计水平下显著。

表 4-13 是企业通过间接参与影子信贷市场链条模式对经营风险影响的实证结果。本书分别采用私人部门信贷/GDP 五年滚动标准差和金融机构贷款总额/GDP 五年滚动标准差来衡量金融体系风险。表中第（1）列和第（2）列给出了在不同信息集下，将私人部门信贷/GDP 五年滚动标准差作为金融市场风险代理指标的回归结果。结论表明，金融体系风险与影子银行规模的交互项系数在 5% 统计水平下显著为负，说明企业投资于影子信贷市场，将导致企业未来现金流波动性与金融市场波动联系更加紧密，即实体部门与金融部门呈现出系统性风险联动效应。表 4-13 中第（3）列和第（4）列则将金融机构贷款总额/GDP 五年滚动标准差作为金融体系波动程度的代理指标，金融市场风险与间接影子信贷类影子银行规模交互项的系数分别为 -3.5592 和 -3.5993，均在 5% 统计水平上显著为负，表明企业购买银行理财、券商理财、结构性存款等类影子信贷产品，会导致企业部门未来现金流的波动与整个金融体系的震荡密切相关，一旦金融体系不确定性增加，影子银行规模必将急剧收缩，市场违约率大幅提高，进而导致企业因资金无法收回而对主营业务投资和盈利水平造成负面影响，增加企业发生流动性危机和破产风险的可能性，从而加剧企业经营风险。可见，非金融企业间接参与主流影子银行体系的信用创造过程中，会导致金融体系的波动通过系统性风险联动机制传递到参与影子信贷市场的企业部门，加剧经营风险，验证了本书假设 H4-2-3。

（三）稳健性检验

为了进一步证明本书实证结果的有效性，进行了多项稳健性检验。

第一，在非金融企业影子银行化与经营风险的基准模型中，本书控制了其他影响企业经营风险的变量，并且进一步控制了个体固定效应和时间固定效应，以尽可能削弱遗漏变量引致的内生性问题。为了进一步证明本书实证结果的稳健性，参考 EI Ghoul 等（2011）和权小锋（2015）的工具变量构建思路，将企业所在同一行业其他公司的影子银行化规模均值作为非金融企业影子银行化规模（SB）的工具变量，采用工具变量回归法处理内生性问题。工具变量回归如表 4 - 14 所示。由表 4 - 14 中第（1）列和第（2）列分别是在不同信息集下的回归结果可知，企业影子银行化规模的系数在 1% 统计水平下显著为负，说明非金融企业影子银行化会增加企业经营风险，与前文结论一致。

此外，本书借鉴 Wintoki 等（2012）方法，采用系统广义矩估计方法（GMM）控制模型内生性问题。将所有的变量均视为内生变量，将行业虚拟变量和年份虚拟变量作为外生变量，采用公司规模（$size$）、净资产收益率（ROE）、上市年限（age_list）、主营业务收入增长率（$growth$）等变量的滞后项作为 GMM 型工具变量，并且采用稳健标准误。由表 4 - 14 中第（3）列给出的系统 GMM 的回归结果可知，非金融企业影子银行化规模的系数为 - 0.3027，在 1% 统计水平下显著为负。控制内生性以后，非金融企业影子银行化与经营风险之间的正向因果关系依然成立，说明本书的结论是可靠的。

表 4 - 14　　　　稳健性检验：工具变量与系统 GMM

	（1）	（2）	（3）
	IV	IV	GMM
SB	- 0.4734 ***	- 0.4745 ***	- 0.3027 ***
	(0.022)	(0.022)	(0.015)
L. Zscore	—	—	0.2192 ***
			(0.013)
$size$	- 2.8376 **	- 3.3658 **	0.4029 ***
	(1.281)	(1.441)	(0.105)
ROE	0.0672 ***	0.1014 ***	0.2771 ***
	(0.019)	(0.024)	(0.028)
age_list	0.5574	0.5834	- 0.0741 ***
	(0.518)	(0.565)	(0.011)

续表

	(1)	(2)	(3)
	IV	IV	GMM
growth	0.0000	0.0000	0.0006
	(0.000)	(0.000)	(0.001)
SOE	-0.2649	0.1347	-0.1295
	(0.504)	(0.586)	(0.298)
ownershare	—	-0.0326*	-0.0087***
		(0.019)	(0.001)
常数项	—	—	-6.1915***
			(2.228)
观测值	18047	16523	15273
R^2	0.963	0.964	—
个体固定效应	控制	控制	控制
时间固定效应	控制	控制	控制
Anderson canon. corr.	0.0001***	0.0001***	—
Cragg – Donald Wald F statistic	16.371*	16.419	—
AR (1) p 值	—	—	0.075*
AR (2) p 值	—	—	0.481
Sargen p 值	—	—	1.000

注：括号内为聚类到行业层面的稳健标准误，***、**、*分别表示在1%、5%和10%统计水平下显著。

第二，考虑到样本可能存在选择性偏差和内生性问题，本书采用倾向得分匹配法（PSM）进行稳健性检验[①]。在现实中，非金融企业的影子银行化行为并非随机事件，可能受到企业经营风险和其他因素的共同影响，模型可能存在选择性偏差和内生性问题。因此，

① 在处理组和控制组的划分上，倾向得分匹配法按照企业影子银行规模的10%和5%阈值来划分，原因在于，企业通过实质性信用中介或者参与影子信贷市场链条从事影子银行业务，加总之后得到企业的影子银行化规模，加总后的企业影子银行规模除少量样本外均大于零，因此难以按照企业是否从事影子银行业务划分处理组和控制组。

为了证明结论的可靠性，本书拟采用倾向得分匹配法做进一步检验。本书根据企业影子银行化的规模，分别按照 10% 和 5% 的阈值划分处理组和控制组，检验非金融企业影子银行化与经营风险之间的实际因果效应。具体而言，本书采用近邻匹配、卡尺匹配和卡尺内的 k 近邻匹配方法，从影子银行化程度较低的企业中，匹配出与影子银行化规模活跃的企业特征相类似的控制组企业的样本集合，并且采用 logit 模型，将企业规模（*size*）、净资产收益率（*ROE*）、企业上市年限（*age_list*）、主营业务收入增长率（*growth*）、企业性质（*SOE*）、股权结构（*ownershare*）等变量作为匹配特征进行控制。

为了保证匹配结果的可靠性，本书对匹配变量进行了平衡性检验。限于篇幅，表 4 – 15 中只给出了卡尺内的 k 近邻匹配（卡尺 = 0.05，1—5 匹配）方法下，处理组和控制组企业匹配变量的平衡性检验结果①。从中可以看到，各变量在匹配后处理组和控制组之间的匹配变量上不存在显著差异；此外，根据 Rosenbaum 和 Rubin（1985）研究，如果匹配后的标准差绝对值小于 20%，匹配效果较好。本书匹配变量的标准差的绝对值均小于 15%。可见，本书对匹配变量和匹配方法的选择是合理的。

表 4 – 15　　　　　　　　　　匹配变量的平衡性检验

变量名称	处理	处理组	对照组	标准偏差（%）	标准偏差 减少幅度（%）	t 统计量	t 相伴概率
处理组和控制组按照 10% 阈值划分							
size	匹配前	21.136	21.747	– 48.0	91.2	– 13.76	0.000
	匹配后	21.158	21.212	– 4.2		1.28	0.201
ROE	匹配前	0.3254	0.0812	1.9	28.5	0.52	0.604
	匹配后	0.3288	0.1542	1.3		0.39	0.694

①　本书也检验了近邻匹配（1—1）、近邻匹配（1—5）、卡尺匹配（卡尺 = 0.05）、卡尺内的 k 近邻匹配（0.05，1 匹配）在配对前后的主要指标变化，均得到了可靠的匹配结果。

变量名称	处理	处理组	对照组	标准偏差（％）	标准偏差减少幅度（％）	t统计量	t相伴概率
age_list	匹配前	9.7275	8.0959	29.7	62.8	8.55	0.000
	匹配后	9.7135	10.32	-11.0		-3.15	0.002
growth	匹配前	1.6658	4.2173	-3.7	90.2	-1.09	0.275
	匹配后	1.6691	1.4185	0.4		0.81	0.420
SOE	匹配前	0.2334	0.3612	-28.2	90.8	-8.15	0.000
	匹配后	0.2339	0.2214	2.6		0.83	0.407
ownershare	匹配前	30.564	37.585	-38.8	88.2	-11.14	0.000
	匹配后	30.619	31.451	-4.6		-1.40	0.163
处理组和控制组按照5%阀值划分							
size	匹配前	20.973	21.74	-57.8	92.1	-11.78	0.000
	匹配后	21.009	21.07	-4.6		-0.99	0.324
ROE	匹配前	0.8072	0.0458	4.2	-3.6	0.84	0.404
	匹配后	0.8162	0.0273	4.4		0.93	0.352
age_list	匹配前	9.9879	7.9173	37.7	73.4	7.72	0.000
	匹配后	9.97	10.521	-10.0		-2.03	0.043
growth	匹配前	1.6317	6.2406	-4.8	93.8	-1.02	0.310
	匹配后	1.6363	1.3527	0.3		0.69	0.492
SOE	匹配前	0.2197	0.3837	-36.3	81.3	-7.47	0.000
	匹配后	0.2187	0.1880	6.8		1.62	0.106
ownershare	匹配前	30.013	38.38	-46.6	96.8	-9.52	0.000
	匹配后	30.096	30.365	-1.5		-0.33	0.743

表4-16给出了采用两种不同方法划分处理组和控制组，在近邻匹配、卡尺匹配和卡尺内的k近邻匹配三种匹配方法下测算得到的企业影子银行业务对经营风险的影响。可以看到，如果按照企业影子银行规模10%阀值划分为处理组和控制组，并且采用一对一近邻匹配的方法，那么匹配后的组间差ATT的值为-1.0252，且在1%统计水平下显著为负，说影子银行化更活跃的企业相较于影子银行规模较低的企业，经营风险更高。此外，采用1—5近邻匹配、卡

尺（0.05）匹配和卡尺内的 k 近邻匹配估计 ATT 值，均在 1% 统计水平下显著为负，也进一步证明了本书的假设。改变处理组和控制组的划分方法，按照 5% 阀值将企业分别划分为处理组和控制组，并且在此基础上采用不同的匹配方法，ATT 值在 10% 统计水平下显著为负。因此，非金融企业影子银行化会加剧经营风险。本书的研究结论是稳健的。

第三，变量替换法。前文在衡量企业经营风险时，主要将 Z 指数和资产收益率（ROA）三年波动率作为代理指标。在稳健性检验部分，本书参照苏坤（2016）和赵龙凯等（2014）的研究，用息税前利润与年末总资产的比值衡量企业盈利能力，并将企业经行业和年度均值调整后的三年标准差作为被解释变量。在非金融企业影子银行化与经营风险的基准回归中，影子银行规模的系数依然在 1% 统计水平下显著为正，说明替换经营风险的指标后，本书的研究结论没有发生实质性变化[1]。

表 4 - 16　　　　　　　　稳健性检验：倾向得分匹配法

匹配方法	ATT	标准误	t 值	处理组和控制组的划分标准
近邻匹配（1—1 匹配）	- 1.0252 ***	0.2953	- 3.47	10% 阀值
近邻匹配（1—5 匹配）	- 0.9777 ***	0.2636	- 3.71	10% 阀值
卡尺内的 k 近邻匹配（0.05，1—1 匹配）	- 1.0252 ***	0.2953	- 3.47	10% 阀值
卡尺内的 k 近邻匹配（0.05，1—5 匹配）	- 0.9777 ***	0.2636	- 3.71	10% 阀值
近邻匹配（1—1 匹配）	- 0.8995 *	0.5397	- 1.67	5% 阀值
近邻匹配（1—5 匹配）	- 0.9682 *	0.5123	- 1.89	5% 阀值
卡尺内的 k 近邻匹配（0.05，1—1 匹配）	- 0.8995 *	0.5397	- 1.67	5% 阀值

---

[1]　限于篇幅，正文未报告采用变量替换法的稳健性检验部分，结果列示于附录中。

匹配方法	ATT	标准误	t 值	处理组和控制组的划分标准
卡尺内的 k 近邻匹配 （0.05，1—5 匹配）	－0.9682*	0.5123	－1.89	5%阈值

注：***、*分别表示在1%、10%统计水平下显著。

第三节　本章小结

一　研究结论

近年来，在我国金融抑制的背景下，越来越多的企业通过充当实质性信用中介或者间接参与影子信贷市场的方式从事高风险、高收益的影子银行业务。企业部门成为继正规金融体系、准金融机构和互联网金融之后的又一影子信贷市场参与主体。企业部门承担着物质生产和维持实体经济正常运转的职责，其过度影子银行化趋势必然会挤出实体投资，加强企业部门与金融部门之间的风险传染效应，但是国内外学者较少关注到非金融企业的影子银行化行为。

本章利用2004—2015年沪深两市A股上市公司的数据，研究非金融企业影子银行化对经营绩效和经营风险的影响。结果表明：其一，非金融企业影子银行化整体上会提高经营绩效，并且会通过降低经营收益、提高金融收益而对盈利结构造成一定的影响。其二，进一步利用中介效应检验发现，非金融企业影子银行化会通过投资规模和投资效率两个中介变量，对经营绩效形成截然相反的作用，前者"挤出机制"对经营收益的负面影响大于后者"效率提升"对经营收益的正向效应。其三，非金融企业影子银行化会增加盈利能力的波动性和发生财务危机的可能性，即加剧经营风险，并且非金融企业影子银行化对经营风险的正向影响，在融资约束程度更高、公司治理效率更差的企业中更为显著。其四，如果企业通过委托贷款、委托理财和民间借贷等方式，充当实质性信用中介为中小企业融出资金，那么借款方潜在的还款风险将会通过降低企业短期偿债能力，以会计账户机制传导到放贷企业；如果企业通过购买金融机构类影子银行体系发行的类金融产品，以间接信用链条模式参与到影子信贷市场投融资活动中，那么金融体系的波动将通过系统性风险联动渠道，增加预期收益的波动性，进而加剧经营风险。

二　政策建议

非金融企业部门承担着物质生产的职责，其将过多的人力资源和金融资本转移到金融资产投融资活动中，必然会导致企业主营业务和创新行为受到抑制。影子银行体系通过财务报表关联、融资担保关系以及业务交叉往来等渠道，构成了一条相互交织的利益输送链条。非金融企业影子银行化必然会加剧产业空心化趋势，强化企业部门之间、企业部门与金融市场之间的交叉传染效应，增加金融体系的系统性风险，进而会对宏观经济的平稳运行造成一定的负面影响。因此，探究非金融企业影子银行化对经营绩效和经营风险的影响，厘清不同业务模式下的风险传染机制，对于维持金融市场和实体经济的平稳发展具有重要的作用。鉴于此，提出以下政策建议：其一，消除银行信贷歧视引致的资金配置失衡和低效的现象，大力发展直接融资资本市场，为融资约束程度较强的中小企业提供更加平等、广泛的获得金融服务的机会，进而从根本上抑制非金融企业的过度影子银行化行为。其二，加强金融功能性监管，并增强上市公司财务报表透明度，从而避免企业以地下融资等非合规渠道开展影子银行业务引致的风险积聚等问题。其三，完善实体投资环境，加快对僵尸企业的处理，促进产业结构升级，并鼓励企业创新行为，引导企业的经济活动重心由金融逐利行为重新回归到生产经营活动中。

第 五 章

非金融企业影子银行化的
宏观经济效应

　　李克强总理在 2017 年政府工作报告中提出，实体经济从来都是我国发展的根基。第五次全国金融工作会议，也进一步强调了一切经济发展都应以服务实体经济为导向，要加强金融领域的供给侧改革，实现穿透式监管，以防范"黑天鹅"和"灰犀牛"事件引致的系统性风险的发生。现阶段，我国处于金融抑制的市场环境中，以银行为代表的正规金融机构体系决定了大部分金融资源配置。银行在分配信贷资源时，更倾向于将低息、优质的贷款资源分配给国有企业，而效率较高的民营企业和中小企业面临较强的信贷约束，银行信贷歧视现象较为严重（徐思远和洪占卿，2016；陆正飞、祝继高和樊铮，2009）。一个健全的实体经济和金融体系需要一个有效率的资本市场，然而现实中政府的偏向性政策、银行垄断经营等原因导致我国存在较为普遍的金融错配现象（张庆君、李雨霏和毛雪，2016；邵挺，2010）。

　　近年来，央行宽松的货币政策和其他经济刺激手段对实体经济的提振作用在逐渐减弱，原因在于，我国实体企业也出现了严重的

"脱实向虚"① 现象（张成思和张步昙，2016）。央行和非正规信贷体系释放的资金最终没有流入实体经济，即使部分资金流向了实体经济内部，企业部门在金融行业高额利润的引诱下，也倾向于将闲置资金进行股票、债券和类金融资产投资活动，而非用于生产性投资，产业空心化趋势日益加剧。非金融企业影子银行化与金融资产投资活动相比，收益和风险更大，对系统性金融风险和实体投资的影响更大。产出增长和实体投资率是宏观经济的两个重要经济变量。现有研究发现，金融错配会对企业的全要素生产率和资本回报率产生影响（邵挺，2010），但是鲜有文献深入探究银行融资歧视行为与非金融企业影子银行化和产出增长之间的关系，以及金融资源错配背景下，非金融企业影子银行化对经济"脱实向虚"的影响。有鉴于此，本章将对从银行信贷歧视和金融错配的视角，探究非金融企业影子银行化对产出增长和经济"脱实向虚"的影响，从而对非金融企业影子银行化的宏观经济效应研究做出有益的补充。

对于银行信贷歧视、非金融企业影子银行化和产出增长的研究，本书首先构建两部门理论模型，采用动态博弈方法，从银行信贷歧视的角度系统性地分析非金融企业影子银行化的形成机理；其次，利用上市公司的数据实证检验银行信贷歧视对企业影子银行化行为的影响；最后，利用我国 2014 年第 1 季度至 2017 年第 4 季度 31 个省（自治区、直辖市）的面板数据，采用面板向量自回归模型（PVAR），实证分析非金融企业影子银行化对产出增长的影响。在分析金融错配、非金融企业影子银行化与经济"脱实向虚"之间的关系时，则将 2004—2015 年非金融上市公司作为样本，研究金融错配对非金融企业影子银行化的影响，并且分别考察了金融错配对企业影子银行化规模影响的地区异质性和企业异质性。然后，采用中介效应模型从融资约束、资本回报率和实体投资规模的角度探究金融错配作用于企业影子银行化行为的机制渠道。在进一步讨论中，

---

① "脱实向虚"指脱离实体经济的投资、生产、流通而转向虚拟经济的投资。

采用面板固定效应模型、工具变量和系统 GMM 模型考察了非金融企业影子银行化对经济"脱实向虚"的影响。

与已有的研究相比，本书的贡献主要在于：第一，从银行信贷歧视视角剖析了非金融企业影子银行化的产生机理，并且采用面板向量自回归模型，从一般均衡视角分析了企业影子银行化规模对经济增长和固定资产投资的影响；第二，创造性地从金融错配视角阐释我国非金融企业影子银行化趋势增强和实体投资率下降的原因，研究视角具有一定的前瞻性和创新性；第三，考察了金融错配与非金融企业影子银行化之间的关系在地区和企业层面的异质性影响，并且采用中介效应模型检验了金融错配作用于企业影子银行化规模的机制渠道；第四，克服模型内生性问题后，进一步讨论了非金融企业影子银行化是否会加剧我国经济"脱实向虚"趋势。

第一节　银行信贷歧视、非金融企业影子银行化与产出增长

一　理论模型构建

（一）理论分析

我国金融行业高准入门槛和国有银行垄断经营的金融体系结构，使得银行在信贷资源的配置上存在严重的歧视性行为（Allen et al.，2005）。当前，我国市场化进程逐步推进，银行信贷分配自主化程度的提高和基于利润最大化目标的盈利模式，使得金融资源的分配向更加高效的方向转变。然而，地方政府分权和政府干预导致金融中介在不同经济主体之间的贷款发放行为上仍然存在较为严重的信贷歧视现象（Jaffee and Russel，1976；张杰等，2013；白俊和连立帅，2012；Cull and Xu，2004）。杨丰来和黄永航（2006）提出，中小企业和金融机构之间的信息不对称是导致银行"惜贷"的主要原因。银行对于信贷资源的非效率配置使得所处不同规模和所有制性质的

企业获得了与其自身实体投资机会不相匹配的金融资源，在一定程度上会抑制中小企业的自主创新能力（戴静和张建华，2013；刘小玄和周晓艳，2011）。目前，银行信贷歧视方面的研究成果比较丰富，并且大多从银行信贷歧视的识别、对信贷资源配置和经济效率的影响等角度展开（徐思远和洪占卿，2016；苟琴、黄益平和刘晓光，2014）。较少有文献从银行体系的融资歧视视角出发探究其对企业投资行为的影响。

现阶段，我国银行体系在金融资源配置上的融资歧视问题，使得以国有企业和大型企业为代表的融资优势部门能够从金融中介和资本市场上融入超过其自身生产经营所需的资金，然后再充当资金的"二传手"为中小企业和非上市民营企业放贷，进而形成了非金融企业的影子银行化。银行信贷歧视行为使得融资优势部门从金融中介获得与其自身生产效率和投资机会不相匹配的低息贷款，然后为中小企业和民营企业等融资劣势方融出资金以期赚取利差收益的现象更为频繁，即非金融企业影子银行化趋势不断加剧。非金融企业影子银行化在一定程度上能够缓解正规金融机构信贷分配低效的现状，然而，融资优势部门从银行获得贷款再转贷给民营企业的影子活动也会造成融资成本扭曲、二次配置效率损失以及利益主体寻租现象，从而降低整个社会的总产出水平。但是，几乎没有文献从融资歧视的角度剖析非金融企业影子银行化的原因，以及其对产出增长的影响。本书拟在这一领域做出一定的补充。

（二）理论模型设计

为了分析银行信贷歧视引致的以国有企业、大型企业为代表的融资优势部门向中小企业、民营企业等融资劣势部门的放贷行为，本部分构建了一个包括融资优势企业和融资劣势企业的两部门模型，引入银行信贷歧视，并且在基准模型基础上，逐步放宽研究假设，分别考虑了在影子信贷市场利率给定，融资优势企业可以选择和无法选择从银行融入的资金规模，融资劣势企业不存在破产风险，存在事前和事后破产风险的情况下，融资优势部门和融资劣势部门之间投融资行为的动态博弈过程，以及均衡状态下各自的产出水平和经济总产出。

1. 基准模型

本书将整个经济划分为两个部门，一个是以国有企业和大型企业为代表的融资优势部门，用 s 表示；另一个是以民营企业和中小企业为代表的融资劣势部门，用 p 表示。银行为两个部门提供的总贷款规模由两个部门社会合意投资水平之和（$\bar{k}$）决定，即 $\bar{k} = k_s^* + k_p^*$，其中 k_s^* 和 k_p^* 分别表示融资优势部门和融资劣势部门的合意投资规模。企业部门的生产函数为 $y_i = A_i k_i$（$i = s, p$），A_i 表示全要素生产率，进一步假定以国有企业和大型企业为代表的融资优势企业的全要素生产率低于民营企业和中小企业等融资劣势部门的全要素生产率，即 $A_s < A_p$。

在理想状态下，银行不存在信贷歧视行为，其信贷资源的配置取决于融资优势企业和融资劣势企业各自的合意投资水平。在这种情况下，融资优势企业和融资劣势企业分别能从银行获得 k_s^* 和 k_p^* 的贷款，各自对应的产出水平分别为 $A_s k_s^*$ 和 $A_p k_p^*$，此时，将不存在非金融企业的影子银行化行为。

在现实经济中，银行基于政府隐性担保、抵押品价值以及社会关系等方面的考虑，在信贷资源的分配上存在严重的融资歧视问题（张杰等，2013；Cull and Xu，200；刘小玄和周晓艳，2011）。本书进一步假定，银行对融资优势部门和融资劣势部门的信贷歧视主要反映在信贷配给规模和贷款议价成本两个方面。一方面，银行信贷歧视行为，在信贷资源分配上表现为融资优势企业能够从金融中介获得超过其自身生产经营所需的资金 k_s，即 $k_s > k_s^*$。融资劣势企业从银行获得的贷款 k_p，则由事先给定的信贷总量扣除从融资优势企业融入的部分决定，并且融资劣势企业能够从金融中介融入的资金小于其自身合意投资规模，即 $k_p < k_p^*$。因此，融资优势企业从金融中介融入超过其合意投资水平的部分，在规模上等于融资劣势企业

的合意投资水平与实际从银行获得贷款规模之间的资金缺口，即
$k_s - k_s^* = k_p^* - k_p$。另一方面，银行信贷歧视行为导致融资优势部门
的议价能力较强，即融资优势企业获得一单位资金需要付出利息以
外的资金议价成本小于融资劣势企业，假设两类部门的融资成本函
数均为 $0.5 c_i k_i^2$（$i = s, p$），其中 $c_s < c_p$。

在基准模型 T_0 下，假定融资优势企业没有向融资劣势企业放
贷，即基于融资歧视的非金融企业的影子银行化行为并不存在，融
资优势企业将从银行融入的超过其自身合意投资水平的部分投资于
债券市场，假定债券市场收益率为 r_c，银行贷款基准利率为 r_l，债券
市场收益率高于银行贷款基准利率，即 $r_c > r_l$。那么，在初始状态
下，融资优势企业的利润函数为：

$$\pi_{s0} = A_s k_s^* + r_c(k_s - k_s^*) - r_l k_s - 0.5 c_s k_s^2 \tag{5-1}$$

进一步假定融资优势企业和融资劣势企业的合意投资水平 k_s^* 和
k_p^* 是外生给定的，企业通过选择从银行融入的资金规模来实现利润
函数最大化。对 k_s 求一阶条件得到：

$$k_s = (r_c - r_l)/c_s \tag{5-2}$$

利润函数的一阶条件表明，融资优势企业从银行融入资金的规
模取决于债券市场收益率 r_c、银行贷款基准利率 r_l 和企业的议价能力
c_s。债券市场收益率 r_c 越高，银行贷款基准利率 r_l 越低，融资优势企
业议价能力越强（c_s 越小），则融资优势企业从银行获得的信贷规模
越高。此时，融资优势企业的产出水平为：

$$y_{s0} = A_s k_s^* \tag{5-3}$$

将式（5-2）代入融资优势企业的利润函数中，得到融资优势
企业的利润水平：

$$\pi_{s0} = (A_s - r_c)k_s^* + (r_c - r_l)^2/(2c_s) \tag{5-4}$$

在基准模型中，融资劣势企业的资金全部来自银行贷款，其从
银行获得的贷款规模取决于银行信贷总量 $\bar{k}$ 和融资优势企业从银行
融入的资金规模 k_s，即：

$$k_p = \bar{k} - k_s = \bar{k} - (r_c - r_l)/c_s \qquad (5-5)$$

因此，融资劣势企业的利润函数为：

$$\pi_{p0} = A_p k_p - r_l k_p - 0.5 c_p k_p^2 \qquad (5-6)$$

将式（5-5）代入融资劣势企业的函数中，得到融资劣势企业的产出水平 y_{p0}，以及利润水平 π_{p0}：

$$y_{p0} = A_p k_p = A_p [\bar{k} - (r_c - r_l)/c_s] \qquad (5-7)$$

$$\pi_{p0} = (A_p - r_l)[\bar{k} - (r_c - r_l)/c_s] - 0.5 c_p [\bar{k} - (r_c - r_l)/c_s]^2 \qquad (5-8)$$

将融资优势企业和融资劣势企业的产出水平加总得到社会总产出水平：

$$Y_0 = y_{s0} + y_{p0} = A_s k_s^* + A_p [\bar{k} - (r_c - r_l)/c_s] \qquad (5-9)$$

2. 扩展模型

（1）扩展模型1：融资优势企业将从银行取得贷款超过其自身合意投资水平的资金转贷给融资劣势企业。

假设在扩展模型1下，以国有企业为代表的融资优势企业会将从银行获得的超过其合意投资水平的贷款，通过委托贷款、民间借贷等方式放贷给民营企业和中小企业等融资劣势企业，影子信贷市场利率水平为 r_{SB}，其中融资优势部门向融资劣势部门的放贷利率高于债券市场收益率，即 $r_{SB} > r_c$。本章假设融资优势企业从银行融入的资金规模与基准模型相同，即 $k_{s1} = k_s$。那么，此时融资优势企业的利润水平为：

$$\pi_{s1} = (A_s - r_{SB}) k_s^* + (r_{SB} - r_l)(r_c - r_l)/c_s - (r_c - r_l)/(2c_s) \qquad (5-10)$$

由于 $k_s > k_s^*$，$r_{SB} > r_c > 0$，所以，$\pi_{s1} = A_s k_s^* + r_{SB}(k_{s1} - k_s^*) - r_l k_{s1} - 0.5 c_s k_{s1}^2 > A_s k_s^* + r_c(k_s - k_s^*) - r_l k_s - 0.5 c_s k_s^2 = \pi_{s0}$，即 $\pi_{s1} > \pi_{s0}$。融资优势企业的产出水平 $y_{s1} = A_s k_s^* = y_{s0}$。因此，融资优势企业作为影子银行中介将从银行融入的超额资金以高于债券市场的利率

为融资劣势企业放贷，会导致其产出水平不变，利润水平提高。

此时，融资劣势企业能够从银行获得的信贷规模为 $k_{p1} = \bar{k} - k_{s1}$，融资劣势企业的利润函数为：

$$\pi_{p1} = A_p[k_{p1} + (k_{s1} - k_s^*)] - r_l k_{p1} - 0.5 c_p k_{p1}^2 - r_{SB}(k_{s1} - k_s^*) \tag{5-11}$$

$$\pi_{p1} = \pi_{p0} + (A_p - r_{SB})(k_{s1} - k_s^*) \tag{5-12}$$

融资劣势企业的产出水平为：

$$y_{p1} = y_p + A_p(k_{s1} - k_s^*) \tag{5-13}$$

其中，$k_{s1} > k_s^*$。如果融资劣势企业的生产率高于从融资优势企业取得资金的影子贷款利率，即 $A_p > r_{SB}$，那么融资劣势企业将会选择从融资优势企业融入其自身合意投资水平和银行贷款之间的资金缺口。在这种情况下，融资劣势企业的利润和产出水平均会提高，即 $\pi_{p1} > \pi_{p0}$，$y_{p1} > y_p$。

此时，社会的总产出水平为：

$$Y_1 = y_{s1} + y_{p1} = Y_0 + A_p^2(k_s - k_s^*) \tag{5-14}$$

因此，在理想状态下，银行信贷资金配置取决于融资优势企业和融资劣势企业的合意投资水平，非金融企业影子银行化现象并不存在。然而，现实中银行信贷歧视使得以国有企业为代表的融资优势企业以及民营企业和中小企业等融资劣势企业，获得与其生产效率不相匹配的信贷支持，从而导致融资优势企业从银行融入超过其生产经营所需的资金，再放贷给融资劣势企业的金融漏损现象发生。此外，如果融资劣势企业的生产效率 A_p 高于从融资优势企业获得贷款的影子利息成本 r_{SB}，那么融资劣势企业将会选择从融资优势企业融入资金，以弥补自身生产缺口。有鉴于此，得到以下两个命题：

命题 5-1：银行信贷歧视下，融资优势企业和融资劣势企业从银行获得与其自身合意投资水平不相匹配的信贷支持，是导致非金融企业影子银行化现象存在的主要原因。

命题 5-1-1：假设融资优势企业能够从银行获得超过其自身合

意投资水平k_s^*的信贷资金k_{s1}，并且能够以高于债券市场收益率r_c的影子信贷利率水平r_{SB}，将超过其自身合意投资水平的资金放贷给融资劣势企业。那么，在融资劣势企业的生产效率A_p高于影子贷款利率r_{SB}的情况下，不同融资地位企业之间的金融漏损现象得以存在。融资优势企业的利润水平、融资劣势企业的利润和产出水平以及整个经济的总产出水平均会增加。

（2）扩展模型2：融资优势企业根据影子放贷利率重新决定从银行融入的信贷规模，然后再将超过其自身合意投资水平的资金转贷给融资劣势企业。

扩展模型2相较于模型1有了改进，在模型1中，我们假设融资优势企业按照基准状态从银行融入资金，即仍然按照闲置资金投资于债券市场的利润函数，决定从银行取得贷款的规模。扩展模型2中，假设企业将从银行取得超过其自身合意投资水平的资金以影子信贷市场利率水平r_{SB}为融资劣势企业放贷，并且可以选择从银行融入信贷资金的规模。那么，在这种情况下，融资优势企业的利润函数为：

$$\pi_{s2} = A_s k_s^* + r_{SB}(k_{s2} - k_s^*) - r_l k_{s2} - 0.5\, c_s k_{s2}^2 \qquad (5-15)$$

对k_{s2}求一阶条件可以得到：

$$k_{s2} = (r_{SB} - r_l)/c_s = k_{s1} + (r_{SB} - r_c)/c_s \qquad (5-16)$$

由于$r_{SB} > r_c$，所以如果企业能够重新选择从银行获取贷款的规模，那么与基准状态和扩展模型1相比，融资优势企业在影子放贷利率的吸引下，将会从银行融入更多的资金，以实现利润水平最大化（$k_{s2} > k_{s1}$）。与基准状态相比，融资优势企业会增加从金融中介贷款的规模，其中增加的融资规模为（$r_{SB} - r_c$）/c_s，取决于影子放贷利率与债券市场收益率之差与融资优势企业的融资难度系数的比值。如果影子信贷市场利率越高，融资优势企业从银行获得资金的议价成本越小，那么融资优势企业从银行融入的资金规模越大，非金融企业影子银行化趋势越强。

命题5-2：银行信贷歧视行为使得融资优势企业能够获得超过

其自身合意投资水平 k_s^* 的贷款，并且将闲置资金以影子信贷市场利率为融资劣势企业放贷，以提高自身利润水平。那么，随着影子信贷市场利率水平 r_{SB} 的提高，融资优势企业将会从银行融入更多资金为融资劣势企业放贷，从而进一步加剧非金融企业影子银行化趋势。

此时，融资优势企业的利润水平为：

$$\pi_{s2} = (A_s - r_{SB})k_s^* + (r_{SB} - r_l)^2/(2c_s) \quad\quad (5-17)$$

由于 $\pi_{s2} - \pi_{s1} = 0.5\ (k_{s2} - k_{s1})\ (r_{SB} - r_c)$，$k_{s2} > k_{s1}$ 且 $r_{SB} > r_c$，所以，得到 $\pi_{s2} > \pi_{s1} > \pi_{s0}$。因此，如果融资优势企业能够重新选择从银行融入的贷款规模，那么利润水平相较于前两种情况均有所提升。此时，融资优势企业的产出水平依然是 $y_{s2} = A_s k_s^*$。

但是在这种情况下，融资劣势企业能够从银行获得的贷款被融资优势企业进一步挤占，此时融资劣势企业能够从银行获得的贷款规模为：

$$k_{p2} = \bar{k} - k_{s2} = (\bar{k} - k_{s1}) + (k_{s1} - k_{s2}) = (\bar{k} - k_{s1}) - (r_{SB} - r_c)/c_s$$
$$(5-18)$$

此时，融资劣势企业对应的利润函数为：

$$\pi_{p2} = A_p \left[(\bar{k} - k_{s2}) + (k_{s2} - k_s^*) \right] - r_l(\bar{k} - k_{s2}) - 0.5c_p(\bar{k} - k_{s2})^2 - r_{SB}(k_{s2} - k_s^*) \quad\quad (5-19)$$

将式（5-12）、式（5-16）代入式（5-19），进一步整理得到关于 π_{p2} 和 π_{p1} 关系的等式：

$$\pi_{p2} = \pi_{p1} + \underbrace{\{0.5c_p(\bar{k} - k_{s1})^2 - 0.5c_p(\bar{k} - k_{s2})^2\}}_{\text{融资劣势企业被融资优势企业挤占银行贷款引致的融资议价成本降低带来的收益}} +$$

$$\underbrace{r_1(k_{s2} - k_{s1})}_{\substack{\text{融资劣势企业被融资优势}\\\text{企业挤占银行贷款引致的}\\\text{贷款利息减少带来的收益}}} - \underbrace{r_{SB}(k_{s2} - k_{s1})}_{\substack{\text{融资劣势企业之前从银行获}\\\text{得但现在被融资优势企业挤}\\\text{占部分，转而从融资优势企}\\\text{业融入多支付的利息成本}}} \quad\quad (5-20)$$

式（5-20）的结果表明，如果融资优势部门可以重新选择从银行融入的资金规模，那么与扩展模型 1 的情况相比，融资劣势企业利润提高的部分是原来能够从银行获得的贷款，但现在被融资优势企业挤占部分引致的融资议价成本和银行利息成本支付的减少，降低的部分是原来能从银行获得，但是现在被融资优势企业挤占，不得不以高于银行贷款利率的影子信贷市场利率从融资优势企业重新取得资金需要增加的利息支付。

进一步，假定融资劣势企业被融资优势企业挤占部分的信贷资金的融资议价成本和利息成本之和小于从融资优势企业以影子信贷市场利率获得该笔资金的成本，即 $[1/2\ c_p\ (\bar{k} - k_{s1})^2 - 0.5\ c_p\ (\bar{k} - k_{s2})^2] + r_l\ (k_s - k_{s2}) < r_{SB}\ (k_{s2} - k_{s1})$，从而得到 $\pi_{p2} < \pi_{p1}$。

将式（5−6）、式（5−16）代入式（5−19）得到关于 π_{p2} 和 π_{p0} 关系的等式：

$$\pi_{p2} = \pi_{p0} + \underbrace{A_p(k_s - k_s^*)}_{\substack{\text{融资劣势企业达到合意投}\\\text{资水平与基准状态相比产}\\\text{出增加带来的收益}}} + \underbrace{\{0.5c_p(\bar{k} - k_s)^2 - 0.5c_p(\bar{k} - k_{s2})^2\}}_{\substack{\text{融资劣势企业原来从银行获得，现在被融资优势企业}\\\text{挤占部分资金，不需要支付融资议价成本降低带来的收益}}} +$$

$$\underbrace{r_1(k_{s2} - k_s)}_{\substack{\text{融资劣势企业原来从}\\\text{银行获得，现在被融}\\\text{资优势企业挤占资金，}\\\text{不需要支付银行利}\\\text{息带来的收益}}} - \underbrace{r_{SB}(k_{s2} - k_s^*)}_{\substack{\text{融资劣势企业以影子信贷利率}\\\text{从融资优势企业融入与合意投}\\\text{资水平缺口的资金导致利息}\\\text{成本的增加}}} \qquad (5-21)$$

式（5−21）中给出了假定融资优势企业能够重新选择从银行获得的贷款规模，并且将超额融入的资金配置给融资劣势企业，与基准状态下不存在企业之间金融漏损的状态相比情况下，融资劣势企业利润水平的差异。相较于基准模型中不存在企业影子银行化行为的情况，融资劣势企业的收益来自社会合意投资水平与基准状态下产出水平增加带来的收益，以及之前能够从银行获得但是现在被融资优势企业挤占的贷款情形下，不需要支付融资议价成本和银行贷款利息带来的收益，增加的成本来源于融资劣势企业从融资优势企业融入合意投资水平与基准状态下从银行实际取得贷款之间的资金缺口需要支付的影子银行利息。

前文从静态角度分析了企业的银行贷款行为、企业之间资金融通、产出和利润水平。事实上，融资优势企业和融资劣势企业的行为可以看作一个动态博弈过程,以国有企业为代表的融资优势企业有先行优势,民营企业和中小企业等融资劣势企业行动时能够观察到融资优势企业的行动,进而拥有信息优势。本模型中融资优势企业先决定从银行融入资金的规模,然后选择将超过其自身合意投资水平的资金以委托贷款或民间借贷的方式提供给融资劣势企业或投资于债券市场。银行将给定信贷总量扣除融资优势企业贷款之后的资金放贷给融资劣势企业。此时,融资劣势企业有两个选择:一是选择接受融资优势企业高于银行基准利率水平的影子信贷资金;二是选择根据现有从银行取得的银行贷款进行投资,不从融资优势企业借入影子信贷资金。在第一种情况下,非金融企业的影子银行化行为存在,此时,融资优势企业的产出和利润水平分别为 y_{s2} 和 π_{s2},融资劣势企业的产出水平和利润分别为 y_{p2} 和 π_{p2}。其中,$y_{s2} = A_s k_s^*$,$y_{p2} = y_p + A_p (k_s - k_s^*) = y_{p1}$。在第二种情况下,融资劣势企业选择按照现有银行信贷规模进行投资,此时融资劣势企业的利润为:

$$\pi_{p20} = A_p(\bar{k} - k_{s2}) - r_l(\bar{k} - k_{s2}) - 0.5 c_p (\bar{k} - k_{s2})^2 \qquad (5-22)$$

对式(5-19)进一步整理得到式(5-23)

$$\pi_{p2} = \pi_{p20} + (A_p - r_{SB})(k_{s2} - k_s^*) \qquad (5-23)$$

此时,融资劣势企业的产出 $y_{p20} = A_p (\bar{k} - k_{s2}) = A_p [\bar{k} - k_{s1} - (r_{SB} - r_c)/c_s]$,社会总产出水平 $Y_{20} = A_s k_s^* + A_p (\bar{k} - k_s) - A_p (k_{s2} - k_s) = Y_0 - A_p (k_{s2} - k_s)$,其中,$Y_{20} < Y_0 < Y_1$。

如果融资劣势企业的生产效率 A_p 高于融资优势企业放贷利率 r_{SB},即 $A_p > r_{SB}$,那么融资劣势企业将会选择从融资优势企业融入影子信贷资金,以弥补银行信贷不足导致的生产缺口。在这种情况下,基于融资优势部门的企业影子银行化行为将会改进银行初次信贷配置失衡造成的生产效率损失。此时,整个社会的产出水平 $Y_2 = y_{s2} + y_{p2} = Y_1 = Y_0 + A_p^2 (k_s - k_s^*)$,其中,$Y_2 = Y_1 > Y_0$。

如果融资劣势企业的生产效率 A_p 低于融资优势企业放贷利率 r_{SB},即 $A_p < r_{SB}$,那么融资劣势企业将不会从融资优势企业借入影子

信贷资金。在这种情况下，融资优势企业会将超过其自身合意投资水平的资金投资于债券市场，获得收益率r_c。融资优势企业的利润函数为：

$$\pi_{s3} = A_s k_s^* + r_c \left[(k_{s2} - k_s) + (k_s - k_s^*) \right] - r_l \left[k_s + (r_{SB} - r_c)/c_s \right] - 0.5 c_s \left[k_{s1} + (r_{SB} - r_c)/c_s \right]^2 \tag{5-24}$$

由于π_{s3}是π_{s0}在非极值下的利润值，所以$\pi_{s3} < \pi_{s0}$。融资优势企业会发现自己从金融中介"融多了"。

在动态博弈模型中，融资优势企业先动，决定从银行融入的资金总额，并且将超过其合意投资水平的资金放贷给融资劣势企业，融资劣势企业能够观察到融资优势企业的行为，然后选择是否从融资优势企业借入影子信贷资金。融资优势企业有"先动优势"，融资优势企业行动之后融资劣势企业再行动，具有后发者"信息优势"，最终的均衡状态决定于两部门动态博弈的结果，支付矩阵如表5-1所示。

表5-1　　　　　　　　　　　　支付矩阵1

		融资劣势企业	
		参与	不参与
融资优势企业	放贷	(π_{s2}, π_{p2})	(π_{s3}, π_{p20})
	不放贷	(π_{s0}, π_{p0})	(π_{s0}, π_{p0})

由于$\pi_{s2} > \pi_{s1} > \pi_{s0} > \pi_{s3}$，因此，如果$A_p > r_{SB}$，那么$\pi_{p2} > \pi_{p20}$，此时博弈的均衡结果将是（放贷，参与）。如果$A_p < r_{SB}$，那么博弈的结果将是（不放贷，不参与）。有鉴于此，我们提出命题5-3。

命题5-3：假设融资优势企业能够根据影子信贷市场利率水平r_{SB}重新选择从银行融入的资金规模，那么融资优势企业基于自身利润最大化的考虑，将会从银行取得规模为k_{s2}的信贷资金。如果融资劣势企业的生产效率A_p高于融资优势企业的影子放贷利率r_{SB}，即$A_p > r_{SB}$，那么融资优势企业会选择将从银行取得的超过其自身合意投资水平的资金，以影子信贷市场利率r_{SB}贷给融资劣势企业。融资劣势企业也会选择从融资优势企业融入资金，以弥补银行信贷不足导致的生产缺口。在这种情况下，非金融企业的影子银行化行为将会改善银行信贷歧视引致的生产效率损失，提高融资优势企业的利润水平、融资劣势企业的产出和利润水平以及整个经济的总产出水平。但是，如果融资劣势企业的生产效率A_p低于融资优势企业的影子放贷利率r_{SB}，即$A_p < r_{SB}$，那么融资优势企业会从银行融入规模为k_{s0}的资金，然后投资于债券市场获取收益率r_c，融资劣势企业不会从融资优势企业借入影子信贷资金，即非金融企业之间的影子化行为不存在。

（3）扩展模型3：融资优势企业根据影子放贷利率重新决定从银行取得的贷款规模，然后再将超过其自身合意投资水平的资金转贷给融资劣势企业，但是融资劣势企业存在破产风险，并且破产风险是事前存在的。

前面的假设融资劣势企业不存在破产风险，但是在现实中，愿意以远高于银行基准利率的影子信贷利率从融资优势企业融入资金的民营企业和中小企业等融资劣势企业，其本身可能存在较大的破产风险。更进一步地，假设融资劣势企业的破产风险是事前存在的，即其破产发生源于自身的经营不善和资不抵债等原因，融资劣势企业从融资优势企业融入影子信贷资金这一行为本身并不会改变其破产概率。

如果融资劣势企业不会发生破产，根据前文对基准模型和扩展模型的分析，融资优势企业和融资劣势企业的动态博弈支付矩阵和可能的均衡结果如表5-1和命题5-3所示。即：如果$A_p > r_{SB}$，那么$\pi_{p2} > \pi_{p20}$，均衡结果是（放贷，参与）；如果$A_p < r_{SB}$，均衡结果为（不放贷，不参与）。

反之，假设融资优势企业按照影子信贷利率从银行融入k_{s2}的资金，然后将超过自身合意投资水平的资金放贷给融资劣势企业，那么在融资劣势企业发生破产情况下，融资优势企业将无法获得影子银行业务带来的高额利息收入，此时，融资优势企业的利润如式（5-25）所示。

$$\pi_{s4} = A_s k_s^* - r_l k_{s2} - 0.5 \, c_s (k_{s2})^2 \qquad (5-25)$$

其中，$\pi_{s2} > \pi_{s1} > \pi_{s0} > \pi_{s3} > \pi_{s4}$。无论是否放贷，融资劣势企业的利润都将为0，即 $\pi_{p4} = 0$，最终得到的支付矩阵将如表5-2所示。

表5-2　　　　　　　　　　　　　支付矩阵2

		融资劣势企业	
		参与	不参与
融资优势企业	放贷	$(\pi_{s4}, 0)$	$(\pi_{s3}, 0)$
	不放贷	$(\pi_{s0}, 0)$	$(\pi_{s0}, 0)$

进一步地，假设融资劣势企业以 $1-p$ 的概率发生破产，那么，将得到融资优势企业和融资劣势企业动态博弈的期望支付矩阵，如表5-3所示。

表5-3　　　　　　　　　　　　　支付矩阵3

		融资劣势企业	
		参与	不参与
融资优势企业	放贷	$[p\pi_{s2} + (1-p)\pi_{s4}, \, p\pi_{p2}]$	$(\pi_{s3}, \, p\pi_{p20})$
	不放贷	$(\pi_{s0}, \, p\pi_{p0})$	$(\pi_{s0}, \, p\pi_{p0})$

接下来主要分别考虑两种情况：

第一种情况：融资劣势企业的破产概率 $1-p$ 是融资优势企业和融资劣势企业都可以观测到的。那么，将存在唯一的均衡结果。此时，博弈的均衡结果将取决于融资劣势企业的生产效率和影子信贷利率之间的高低以及国有企业的期望利润水平。

具体来看，如果 $A_p > r_{SB}$，且 $1-p < 1 - (\pi_{s0} - \pi_{s4})/(\pi_{s2} - \pi_{s4})$，融资优势企业和融资劣势企业的动态博弈结果为（放贷，参与）；如

果 $A_p > r_{SB}$，且 $1-p > 1-(\pi_{s0}-\pi_{s4})/(\pi_{s2}-\pi_{s4})$，或者满足 $A_p < r_{SB}$，那么博弈结果将为（不放贷，不参与）。因此，只有同时满足融资劣势企业的生产效率高于融资优势企业为其放贷的影子信贷利率，并且融资优势企业的期望利润高于基准状态下的利润水平，非金融企业影子银行化行为才会发生。此时，融资优势企业和融资劣势企业的产出水平分别为 y_{s2} 和 y_{p2}，整个社会的总产出为 Y_2。否则，融资劣势企业将不会选择从融资优势企业借款，融资优势企业也不会为融资劣势企业放贷，社会总产出水平维持在 Y_0。

第二种情况：融资劣势企业的破产概率 $1-p$ 是只有自身可以识别的，融资优势企业无法有效观测。那么，如果 $A_p > r_{SB}$，最终的博弈均衡可能是（放贷，参与）或（不放贷，不参与）；如果 $A_p < r_{SB}$，均衡结果将为（放贷，不参与）或（不放贷，不参与）。如果均衡结果是（放贷，不参与），融资优势企业和融资劣势企业的利润水平分别为 π_{s3} 和 π_{p20}，产出水平分别对应 y_{s2} 和 y_{p20}，整个社会的产出水平将下降到 Y_{20}。有鉴于此，提出命题 5-4。

命题 5-4：假设融资劣势企业事前存在破产风险，发生破产的概率为 $1-p$，那么只有在融资优势企业能够有效观测到融资劣势企业的破产概率 $1-p$ 的情况下，最终博弈的均衡结果相较于基准状态的社会产出水平有所提高。具体而言，只有融资劣势企业的生产效率和破产概率同时满足 $A_p > r_{SB}$ 和 $1-p < 1-(\pi_{s0}-\pi_{s4})/(\pi_{s2}-\pi_{s4})$，非金融企业之间的影子银行化行为才会存在。反之，如果融资优势企业无法识别融资劣势企业的破产概率 $1-p$，那么动态博弈的均衡结果可能会同时降低融资优势企业部门和融资劣势企业部门的利润水平，并且降低融资劣势企业的产出水平，从而降低整个社会的产出水平。

（4）扩展模型 4：融资优势企业根据影子放贷利率重新决定从银行取得的贷款规模，然后再将超过其自身合意投资水平的资金转贷给融资劣势企业，但是融资劣势企业从融资优势企业融入高息影子信贷资金会导致其发生破产的可能性，并且破产风险是事后存在的。

扩展模型3假设融资劣势企业的破产风险是事前存在的，即从影子信贷市场借入资金的行为并不会改变企业破产概率。扩展模型4假设融资劣势企业的破产风险源自从影子信贷市场融资这一行为，即融资劣势企业从融资优势企业借入高风险、高利率的影子资金是导致其破产的根本原因。融资劣势企业借入资金后，发生破产的概率为 $1-q$；如果融资劣势企业不从融资优势企业融入影子信贷资金，则不会发生破产。在这种情形下，动态博弈的支付矩阵如表5－4所示。

表5－4   支付矩阵4

		融资劣势企业	
		参与	不参与
融资优势企业	放贷	$[q\pi_{s2} + (1-q)\pi_{s4}, q\pi_{p2}]$	(π_{s3}, π_{p20})
	不放贷	(π_{s0}, π_{p0})	(π_{s0}, π_{p0})

此模型依然假设存在两种情况。第一种情况是融资劣势企业从融资优势企业融入高息影子信贷资金后的破产风险是可以观测到的。那么，博弈的均衡将存在三种可能。

如果 $1-q < 1 - \pi_{p20}/[(A_p - r_{SB})(k_{s2} - k_s^*) + \pi_{p20}]$，并且 $q\pi_{s2} + (1-q)\pi_{s4} > \pi_{s0}$，那么融资优势企业将选择为融资劣势企业放贷，融资劣势企业将从融资优势企业获得低于合意投资水平的贷款缺口，博弈的均衡结果将是（放贷，参与）；如果 $1-q < 1 - \pi_{p20}/[(A_p - r_{SB})(k_{s2} - k_s^*) + \pi_{p20}]$ 且 $q\pi_{s2} + (1-q)\pi_{s4} < \pi_{s0}$，或者 $1-q > 1 - \pi_{p20}/[(A_p - r_{SB}) * (k_{s2} - k_s^*) + \pi_{p20}]$，那么博弈的均衡结果将是（不放贷，不参与）。

假设融资劣势企业的事后破产风险是融资优势企业无法观测到的，那么如果 $1-q < 1 - \pi_{p20}/[(A_p - r_{SB})(k_{s2} - k_s^*) + \pi_{p20}]$，博弈的均衡结果可能是（放贷，参与）或（不放贷，不参与）；如果 $1-q >$

$1 - \pi_{p20} / [(A_p - r_{SB})(k_{s2} - k_s^*) + \pi_{p20}]$，那么博弈的均衡结果将是（放贷，不参与）或（不放贷，不参与）。因此，在融资劣势企业的破产风险是事后的假设下，如果均衡结果是（放贷，不参与），那么融资优势企业和融资劣势企业的利润水平分别为 π_{s3} 和 π_{p20}，产出水平分别对应 y_{s2} 和 y_{p20}，整个社会的产出水平将下降到 Y_{20}。有鉴于此，本书提出命题 5 - 5。

命题 5 - 5：假设融资劣势企业存在事后破产风险，破产概率为 $1 - q$，那么只有在融资优势企业能够有效观测到融资劣势企业的破产概率 $1 - q$ 的情况下，最终博弈的均衡结果相较于基准状态会促进社会产出水平的提升。如果融资劣势企业的破产风险和融资优势企业的期望利润同时满足 $1 - q < 1 - \pi_{p20} / [(A_p - r_{SB})(k_{s2} - k_s^*) + \pi_{p20}]$ 和 $q\pi_{s2} + (1 - q)\pi_{s4} < \pi_{s0}$，则非金融企业之间的影子银行化行为存在，社会产出水平将会提高。反之，如果融资优势企业无法识别融资劣势企业的破产风险 $1 - q$，那么动态博弈的均衡结果可能会同时降低融资优势企业部门和融资劣势企业部门的利润水平，并且降低融资劣势企业的产出水平，从而降低整个社会的总产出水平。

二　实证研究设计

（一）模型设定

前文的理论模型表明，银行信贷歧视行为使得以国有企业为代表的融资优势部门能够从金融中介融入超过其自身生产经营所需的现金流，并且将闲置资金通过委托贷款和地下借贷等方式向中小企业和民营企业等融资劣势部门放贷，从而导致非金融企业影子银行化行为。本章将利用我国上市公司的微观数据，通过引入企业所有制性质与银行信贷资金的交互项来实证分析银行信贷歧视对非金融企业影子银行化规模的影响。经验模型的构建如下所示。

$$SB_{it} = \beta_0 + \beta_1 SOE_{it} BCD_{it} + \beta_2 BCD_{it} + \beta_3 SOE_{it} + \beta_4 ReturnGap_{it} +$$
$$\varphi Y_t + \delta X_{it} + u_i + \varepsilon_{it} \qquad (5 - 26)$$

其中，下标 i 和 t 分别代表企业和年份，被解释变量 SB_{it} 表示企

业 i 在第 t 期的影子银行化规模与总资产占比。SOE_{it} 表示企业所有制性质的虚拟变量，如果是国有企业，该值为 1，否则取 0。BCD_{it} 反映了银行信贷歧视行为，分别采用利息支出占总资产的比重（IE）和短期借款和长期借款之和与总资产的比值（EF）反映企业从银行获得的贷款支持（BCD），该指标越大，说明国有企业从银行获得的贷款规模越高。$Return\_Gap_{it}$ 表示金融与实体收益率之差①，理论上来看，如果金融与实体投资回报率的差距不断拉大，企业影子银行化规模将更高。

此外，我们在模型中加入了货币供给量增长率（$m2\_g$）、全社会固定资产投资增长率（$fixassetinv\_g$）和 GDP 增长率（gdp_g）等宏观经济变量（Y_t），同时控制了企业规模（$size$）、主营业务收入增长率（$growth$）、净资产收益率（ROE）、上市年限（age_list）和股权结构（$ownershare$）等微观层面变量对企业影子银行化规模的影响。为了捕捉个体异质性对模型的影响，进一步控制了企业固定效应②。本书主要考察企业所有制性质和银行贷款强度交互项（$SOE_{it} \times BCD_{it}$）的回归系数的符号和显著性。如果 β_1 显著大于零，说明银行信贷歧视行为使得以国有企业为代表的融资优势部门能够融入超额资金，进而从事高风险、高收益的影子银行业务，则支持命题 5 - 1。如果 β_1 不显著或显著为负，则说明该假说不成立。

如命题 5 - 2 所述，随着类金融收益率的提高，融资优势部门基于利润最大化的考虑，会利用其自身融资优势，从银行融入更多的信贷资金，然后以影子信贷利率水平为资金需求方提供流动性，企业之间的金融漏损规模将有所增加。有鉴于此，为了进一步检验银行信贷歧视下，金融收益率提高对企业影子银行化规模的异质性影

①　金融收益率与实体收益率之差的衡量方法参考张成思和张步昙（2016），与前文相一致。

②　本书没有控制时间固定效应，原因在于模型中加入了只随年份变化，不随企业变化的货币供给增长率、固定资产投资增长率和 GDP 增长率等宏观层面变量，如果控制时间固定效应，那么在回归分析中这些变量将会被剔除。

响，本书构建模型：

$$SB_{it} = \delta_0 + \delta_1 SOE_{it} BCD_{it} ReturnGap_{it} + \delta_2 SOE_{it} BCD_{it} +$$
$$\delta_4 ReturnGap_{it} + \theta Y_t + \pi X_{it} + u_i + \varepsilon_{it} \qquad (5-27)$$

如果 δ_1 的系数显著为正，则表明随着影子信贷市场收益率的提高，银行信贷歧视行为使得以国有企业为代表的融资优势部门的影子银行化趋势更强，则可以验证命题 5 – 2。反之，该命题不成立。

（二）数据来源和变量统计特征

表 5 – 5 给出了国有企业和非国有企业影子银行规模占比（SB）、公司规模（$size$）、上市年限（age_list）以及经营绩效（ROA）的均值及差异情况。我们可以看到国有企业的影子银行化规模平均水平（8.24%）显著高于非国有企业（4.49%），公司规模和上市年限也超过非国有企业。但是，国有企业的盈利能力（3.14%）却明显低于非国有部门（3.90%）。

表 5 – 5　　　　　　　　　　　　变量的均值及差异

	SB	size	age_list	ROA
国有企业	0.0824	21.9087	8.8553	0.0314
非国有企业	0.0449	21.5992	8.2121	0.0390
均值差	0.0376 *	0.3096 ***	0.6432 ***	– 0.0089 ***
	(0.0267)	(0.0196)	(0.0884)	(0.2272)

注：*** 、* 分别表示在 1% 和 10% 统计水平下显著，括号内报告的是标准误。

三　实证结果分析

（一）回归结果分析

首先采用面板固定效应模型对银行信贷歧视与非金融企业影子银行化之间的关系进行实证检验，回归结果如表 5 – 6 所示。表 5 – 6 中第（1）列和第（2）列用利息支出与总资产的占比来衡量企业从银行获得的信贷规模，企业所有制性质和利息支出占比的交互项（$SOE \times BL$）系数分别为 2.6185 和 2.6256，均在 1% 统计水平上显著为正。这说明，银行信贷歧视行为使得以国有企业为代表的融资优势部门能够从金融中介融入超过其生产投资需要的资金，转而充当实体中介和最终风险承担方向民营企业和中小企业等融资劣势部门融出资金。命题5-1得以验证。

表5-6   银行信贷歧视与非金融企业影子银行化

	（1）	（2）	（3）	（4）
$SOE \times IE$	2. 6185***	2. 6256***	—	—
	（0. 006）	（0. 004）		
$SOE \times EF$	—	—	0. 3504*	0. 3823*
			（0. 142）	（0. 158）
IE	0. 0086	0. 0001	—	—
	（0. 005）	（0. 003）		
EF	—	—	0. 1691	0. 1371
			（0. 143）	（0. 158）
SOE	-0. 0338***	-0. 0447***	-0. 0759*	-0. 0889*
	（0. 007）	（0. 004）	（0. 032）	（0. 039）
$Return\_Gap$	0. 0000***	-0. 0000	0. 0000	0. 0000
	（0. 000）	（0. 000）	（0. 000）	（0. 000）
$m2\_g$	-0. 2963***	-0. 3129***	-0. 2813***	-0. 3082***
	（0. 063）	（0. 036）	（0. 039）	（0. 026）
$fixassetinv\_g$	0. 2293**	-0. 0857***	0. 1492**	-0. 0991***
	（0. 077）	（0. 009）	（0. 035）	（0. 018）
gdp_g	-0. 0374	-0. 3862***	-0. 0770	-0. 3588***
	（0. 049）	（0. 039）	（0. 036）	（0. 044）
$size$	—	-0. 0242*	—	-0. 0274**
		（0. 009）		（0. 009）
$growth$	—	-0. 0000	—	-0. 0000
		（0. 000）		（0. 000）
ROE	—	-0. 0013***	—	0. 0010
		（0. 000）		（0. 001）

续表

	（1）	（2）	（3）	（4）
age_list	—	−0.0087***	—	−0.0061**
		（0.001）		（0.002）
ownershare	—	−0.0010**	—	−0.0010**
		（0.000）		（0.000）
常数项	0.0484**	0.8076**	0.0361	0.8244***
	（0.012）	（0.216）	（0.029）	（0.143）
观测值	19612	16654	19612	16654
R²	0.985	0.989	0.986	0.990
个体固定效应	控制	控制	控制	控制

注：**和*分别表示系数在5%和10%统计水平下显著，括号内报告的是标准误。

　　表5-6中第（3）列和第（4）列是将短期借款与长期借款之和与总资产的比值作为企业从银行获得贷款规模的代理指标，在不同信息集下，交互项的系数均在10%的统计水平下显著为正。这说明，银行信贷歧视使得融资优势部门能够从金融中介获得低成本贷款，在内部流动性充足但无良好实体投资机会的情况下，会通过委托贷款、委托理财以及过桥贷款等方式，为中小企业和民营企业等资金需求方提供资金，从而非金融企业影子银行规模不断扩张。其他控制变量方面，宏观层面上，货币供给增长率（m2_g）、固定资产投资增长率（fixassetinv_g）和GDP增长率（gdp_g）均在1%的统计水平下显著为负。这说明货币紧缩、实体投资机会减少以及经济增长放缓会加剧非金融企业的影子银行化趋势。微观层面上，上市年限较短、控股股东持股比例更低的企业从事影子银行业务的意愿更为强烈。

　　为了进一步验证命题5-2，模型序号中添加了SOE×IE与金融与实体收益率之差Return_Gap的交互项。表5-7中第（1）列和第（2）列的回归结果表明，SOE×IE×Return_Gap的系数在1%统计水平上显著为正。这表明，随着我国类金融市场与实体收益率的不断拉大，银行体系金融资源配置的歧视问题导致以国有企业为代表的融资优势部门从事影子银行业务的动机更强，非金融企业影子银行化规模不断提升。表 5 - 7 中第（3）列和第（4）列 $SOE \times EF \times Return\_Gap$ 的系数分别为 0.0271 和 0.0212，均在 1% 统计水平下显著为正，进一步验证了银行信贷歧视背景下，影子信贷收益率的上升对以国有企业为代表的融资优势部门影子银行化行为的促进作用。

表 5 - 7   银行信贷歧视与非金融企业影子银行化

	（1）	（2）	（3）	（4）
$SOE \times IE \times Return\_Gap$	0.1711***	0.1672***	—	—
	（0.001）	（0.002）		
$SOE \times EF \times Return\_Gap$	—	—	0.0271***	0.0212***
			（0.002）	（0.003）
$SOE \times IE$	0.7976***	0.8407***	—	—
	（0.011）	（0.018）		
$SOE \times EF$	—	—	0.2299***	0.1895
			（0.021）	（0.135）
SOE	—	-0.0193**	—	-0.0471
		（0.006）		（0.031）
IE	—	-0.0015	—	—
		（0.003）		
EF	—	—	—	0.1035
				（0.170）
$Return\_Gap$	0.0000	0.0000	-0.0000	0.0000
	（0.000）	（0.000）	（0.000）	（0.000）
$m2\_g$	-0.3336***	-0.3466***	-0.2987***	-0.3301***
	（0.030）	（0.032）	（0.040）	（0.022）
$fixassetinv\_g$	-0.0845***	-0.0775***	-0.1035***	-0.0897***
	（0.009）	（0.009）	（0.012）	（0.016）
gdp_g	-0.3767***	-0.3724***	-0.3775***	-0.3618***
	（0.042）	（0.041）	（0.044）	（0.041）

续表

	（1）	（2）	（3）	（4）
size	− 0.0348 ***	− 0.0341 ***	− 0.0354 ***	− 0.0319 ***
	（0.006）	（0.005）	（0.007）	（0.005）
growth	− 0.0000	− 0.0000	− 0.0000	− 0.0000
	（0.000）	（0.000）	（0.000）	（0.000）
ROE	− 0.0017 ***	− 0.0017 ***	− 0.0012 **	− 0.0000
	（0.000）	（0.000）	（0.000）	（0.001）
age_list	− 0.0062 ***	− 0.0073 ***	− 0.0037 ***	− 0.0062 ***
	（0.001）	（0.001）	（0.001）	（0.001）
ownershare	− 0.0011 **	− 0.0010 **	− 0.0014 **	− 0.0010 **
	（0.000）	（0.000）	（0.000）	（0.000）
常数项	1.0147 ***	1.0105 ***	0.9982 ***	0.9299 ***
	（0.155）	（0.147）	（0.181）	（0.088）
观测值	16654	16654	16654	16654
R²	0.989	0.989	0.990	0.990
个体固定效应	控制	控制	控制	控制

注：***、**分别表示在1%和5%统计水平下显著，括号内报告的是标准误。

（二）稳健性检验

为了进一步证明本部分实证结果的稳健性，本书主要采用两种方法进行稳健性检验。

2008年国际金融危机发生以后，我国政府推出了四万亿元的经济刺激计划，银行信贷规模迅速扩张，在促进经济平稳增长的同时也导致了资产价格泡沫和通胀压力。于是，从2010年起银行对房地产行业和地方政府融资平台等逐步收缩贷款，从而导致了以银行表外业务、各类通道业务、准金融机构以及民间金融机构为代表的影子银行体系迅速膨胀。因此，本书改变样本区间，对2008—2015年非金融类上市公司进行面板固定效应模型回归，得到的结果如表5-8所示。结果显示，交互项 SOE × IE 的系数在1%统计水平下显著为正，说明银行信贷歧视会促进融资优势部门的影子银行化趋势，本书的结论没有发生实质性改变。可见，本书实证结果是稳健的。

表 5 - 8　　　　　　　　稳健性检验 1：2008—2015 年样本回归

	（1）	（2）	（3）	（4）
$SOE \times IE$	0. 3977 ***	0. 4288 ***	—	—
	（0. 057）	（0. 072）		
$SOE \times EF$	—	—	0. 0157 ***	0. 0265 ***
			（0. 003）	（0. 003）
SOE	- 0. 0024	- 0. 0003	- 0. 0008	- 0. 0009
	（0. 002）	（0. 002）	（0. 002）	（0. 001）
IE	- 0. 0840	- 0. 1158 ***	—	—
	（0. 062）	（0. 017）		
EF	—	—	- 0. 0154 ***	- 0. 0119 ***
			（0. 001）	（0. 002）
$Return\_Gap$	- 0. 0000 ***	0. 0000 ***	- 0. 0000 ***	0. 0000 ***
	（0. 000）	（0. 000）	（0. 000）	（0. 000）
宏观经济变量	控制	控制	控制	控制
企业微观变量	控制	控制	控制	控制
观测值	14380	12073	14380	12073
R^2	0. 032	0. 046	0. 030	0. 046
个体固定效应	控制	控制	控制	控制

注：*** 表示在 1% 的统计水平下显著，括号内报告的是标准误。

本书按照上市公司所在地区，将样本划分为东部发达地区和中西部欠发达地区两个子样本，进一步检验银行信贷歧视对非金融企业影子银行化行为的影响，结果如表 5 - 9 所示。企业所有制性质和银行贷款强度的交互项（$SOE \times IE$）系数在东部地区和中西部地区分别为 10. 0584 和 2. 6236，均在 1% 统计水平上显著为正，说明本书的结论依然稳健。

表5−9 稳健性检验2：分地区回归

	(1) 东部	(2) 中西部
SOE × IE	10.0584***	2.6236***
	(1.739)	(0.000)
SOE	−0.1239***	−0.0603***
	(0.019)	(0.002)
IE	0.2942	0.0028
	(1.014)	(0.002)
Return_Gap	0.0013	0.0000
	(0.004)	(0.000)
宏观经济变量	控制	控制
企业微观变量	控制	控制
观测值	9629	5182
R²	0.278	0.994
个体固定效应	控制	控制

注：***表示在1%统计水平下显著，括号内报告的是标准误。

四 进一步讨论：非金融企业影子银行化会促进产出增长吗？——基于PVAR模型的实证检验

我国长期处于金融抑制和国有商业银行垄断经营的市场环境下，信贷配给机制决定了金融资源在不同地区和经济主体之间的分布状态（刘瑞明，2011；刘小玄和周晓艳，2011）。前文的理论分析和实证检验的结论均表明，银行在金融资源配置上的融资歧视行为导致以国有企业为代表的融资优势部门的影子银行化现象，并且随着类金融市场收益率的提高，融资歧视引致的信贷资源在不同所有制企业之间的非效率配置会进一步加剧非金融企业影子银行化趋势。银行的信贷歧视行为不仅会抑制国有大型企业的生产和技术创新意愿，还会通过信贷资源挤占效应抑制民营企业的发展，进而对经济增长形成"增长拖累效应"和"双重效率损失效应"（徐思远和洪占卿，

2016)。企业之间的委托贷款和地下融资在一定程度上能够纠正正规金融体系信贷配置低效的现象,对落后地区和弱势群体形成"反哺效应",从而有利于促进区域经济的均衡发展(钱雪松、谢晓芬和杜立,2017;刘瑞明,2011)。但是也有部分学者认为,大型国有企业基于利润最大化的目标,从金融中介融入低息贷款,再通过委托贷款和过桥贷款等方式为融资约束主体融出资金的行为,会加剧整个金融体系的信贷错配、融资成本扭曲和资金效率减损等问题,从而对社会产出水平造成负面影响(刘珺、盛宏清和马岩,2014)。有鉴于此,本书将从一般均衡视角,利用2014—2017年省级面板季度数据,采用面板向量自回归(PVAR)模型实证检验非金融企业影子银行化对产出增长的影响。

本书借鉴 Love(2006)提出的面板向量自回归模型探究非金融企业影子银行化对产出增长的影响路径和程度。面板向量自回归模型将传统的 VAR 模型与面板数据相结合,能够对 $T \geq m + 3$ 的模型进行参数估计,其中 T 和 m 表示时间序列的长度和滞后阶数。面板向量自回归模型中假设每一个截面的基本结构是相同的,既允许所有的变量都是内生的,同时允许不同样本之间个体异质性的存在。因此,PVAR 模型中同时引入反映个体异质性的变量 τ_{li} 和时间效应的变量 $\beta_{li,t}$,用来反映同一时点的不同截面上可能受到的共同冲击,面板向量自回归模型的构建如下所示。

$$GDP\_g_{it} = \alpha_{01} + \tau_{1i} + \beta_{1i,t} + \sum_{j=1}^{p} \gamma 1i,t GDP\_g_{i,t-j} +$$

$$\sum_{j=1}^{p} \delta_{1i,t} FI\_g_{i,t-j} + \sum_{j=1}^{p} \rho_{1i,t} EI\_g_{i,t-j} +$$

$$\sum_{j=1}^{p} \theta_{1i,t} M2\_g_{i,t-j} + \sum_{j=1}^{p} \pi_{1i,t} r_{i,t-j} + u_{1i,t} \qquad (5-28)$$

$$FI\_g_{it} = \alpha_{02} + \tau_{2i} + \beta_{2i,t} + \sum_{j=1}^{p} \gamma_{2i,t} GDP\_g_{i,t-j} +$$

$$\sum_{j=1}^{p} \delta_{2i,t} FI\_g_{i,t-j} + \sum_{j=1}^{p} \rho_{2i,t} EI\_g_{i,t-j} +$$

$$\sum_{j=1}^{p} \theta_{i,t} M2\_g_{i,t-j} + \sum_{j=1}^{p} \pi_{2i,t} r_{i,t-j} + u_{2,it} \qquad (5-29)$$

$$EI\_g_{it} = \alpha_{03} + \tau_{3i} + \beta_{3i,t} + \sum_{j=1}^{p} \gamma_{3i,t} GDP\_g_{i,t-j} +$$

$$\sum_{j=1}^{p} \delta_{3i,t} FI\_g_{i,t-j} + \sum_{j=1}^{p} \rho_{3i,t} EI\_g_{i,t-j} +$$

$$\sum_{j=1}^{p} \theta_{3i,t} M2\_g_{i,t-j} + \sum_{j=1}^{p} \pi_{3i,t} r_{i,t-j} + u_{3i,t} \qquad (5-30)$$

$$M2\_g_{it} = \alpha_{04} + \tau_{4i} + \beta_{4i,t} + \sum_{j=1}^{p} \gamma_{4i,t} GDP\_g_{i,t-j} +$$

$$\sum_{j=1}^{p} \delta_{4i,t} FI\_g_{i,t-j} + \sum_{j=1}^{p} \rho_{4i,t} EI\_g_{i,t-j} +$$

$$\sum_{j=1}^{p} \theta_{4i,t} M2\_g_{i,t-j} + \sum_{j=1}^{p} \pi_{4i,t} r_{i,t-j} + u_{4i,t} \qquad (5-31)$$

$$r_{it} = \alpha_{05} + \tau_{5i} + \beta_{5i,t} + \sum_{j=1}^{p} \gamma_{5i,t} GDP\_g_{i,t-j} + \sum_{j=1}^{p} \delta_{5i,t} FI\_g_{i,t-j} +$$

$$\sum_{j=1}^{p} \rho_{5i,t} EI\_g_{i,t-j} + \sum_{j=1}^{p} \theta_{5i,t} M2\_g_{i,t-j} + \sum_{j=1}^{p} \pi_{5i,t} r_{i,t-j} + u_{5i,t}$$
$$(5-32)$$

其中：GDP_g、FI_g、EI_g、$M2\_g$、r 分别表示产出增长率、固定资产投资增长率、非金融企业影子银行化规模增长率、货币供给增长率和银行同业拆借利率；α_{01}、α_{02}、α_{03}、α_{04}、α_{05} 分别为方程的常数项，$\beta_{1i,t}$、$\beta_{2i,t}$、$\beta_{3i,t}$、$\beta_{4i,t}$、$\beta_{5i,t}$ 分别衡量了各方程中的个体固定效应；$u_{1i,t}$、$u_{2,it}$、$u_{3i,t}$、$u_{4i,t}$、$u_{5i,t}$ 表示随机扰动项，服从均值为 0、方差为 σ 的正态分布。下标 i（$i = 1$，2，…，31）和 t（$t = 1$，2，…，16）分别表示不同的省份和年份。

本书利用 2014 年第 1 季度至 2017 年第 3 季度 31 个省（自治区、直辖市）的面板数据，其中，产出增长率是消费者价格指数（CPI）调整之后的实际季度 GDP 对数增长率，FI_g 是名义固定资产投资经过商品销售价格指数（PPI）调整之后的对数增长率。目前，我国增长最快的私营部门融资来源于非正式系统中的委托贷款，融资优势企业通常采用委托代理的方式，为中小企业和私营企业等融资劣势部门融出资金。因此，企业部门之间的委托贷款能够反映非金融企业影子银行化趋势（韩珣、田光宁和李建军，2017；余琰和李怡宗，2016）。有鉴于此，本书采用社会融资规模中的委托贷款规模增长率反映企业之间的金融漏损规模。货币供给增长率和银行同业拆借利率根据所在季度的月度平均值得到。数据来源于中经网数据库和《中国统计年鉴》。

为避免伪回归问题，首先对数据进行平稳性检验，结果表明各变量均通过了 IPS 检验，在 1% 统计水平下拒绝了序列存在单位根的原假设，说明序列均为平稳序列。之后，进一步确定了 PVAR 模型的最优滞后阶数，AIC、BIC 和 HQIC 的结果均显示滞后阶数为 4。

在进行面板向量自回归模型的分析时，本书参照 Love 和 Zicchino（2006）提出的 Helmert 过程，采用向前均值差分法消除个体固定效应，以保证滞后变量与转换后的变量正交，然后把滞后变量作为工具变量，采用 GMM 方法进行估计。PVAR 模型一方面能够控制个体和时间异质性，另一方面也可以分析一个单位标准差的冲击对内生变量当期和未来的影响，从而更为准确地反映非金融企业影子银行化行为对社会产出水平的动态传导机制。

表 5 - 10 给出了采用 GMM 方法对总产出增长、固定资产投资增长率、非金融企业影子银行化规模增长率、供币供给增长率以及银行同业拆借利率的面板向量自回归模型的估计结果。表中第（1）列给出了不同变量对产出增长率的回归结果。非金融企业影子银行化规模增长率及其滞后变量对总产出增长率（GDP_g）的影响并不显著，说明银行信贷歧视背景下，融资优势部门对融资劣势部门的放贷行为并没有提高经济总产出水平。表 5 - 10 中第（2）列的结果表明，非金融企业影子银行化规模增长率滞后一期的系数（L. h_EI_g）为 0.0010，在 10% 统计水平上显著为正，说明非金融企业影子银行化行为在短期能够提高固定资产投资增长率，滞后两期（L2. h_EI_g）和滞后三期（L3. h_EI_g）的系数分别是 0.0015 和 0.0009，

均在5%统计水平下显著，但是滞后四期的系数（L4. h_EI_g）并不显著。因此，非金融企业影子银行化规模在短期能够提高固定资产投资水平，但是这种促进效应随着时间的推移逐渐减弱，长期效应并不显著。

表5-10　　　　　　　　　　　PVAR 模型的估计结果

变量	（1） h_GDP_g	（2） h_FI_g	（3） h_EI_g	（4） h_M2_g	（5） h_r
L. h_GDP_g	- 0.6498 *** (0.147)	- 0.5374 ** (0.212)	14.3299 (23.430)	- 0.0022 (0.001)	0.1533 ** (0.070)
L. h_FI_g	0.4026 (0.442)	- 0.4950 (0.491)	23.2583 (43.131)	- 0.0004 (0.003)	0.0258 (0.132)
L. h_EI_g	0.0001 (0.000)	0.0010 * (0.001)	0.0627 * (0.038)	0.0000 (0.000)	0.0001 (0.000)
L. h_M2_g	- 12.8721 *** (4.609)	- 6.3334 (7.649)	1360.2990 (1043.566)	0.0194 (0.059)	25.5839 *** (2.486)
L. h_r	- 0.1662 * (0.087)	- 0.0957 (0.124)	18.5464 ** (8.629)	0.0026 *** (0.001)	0.8007 *** (0.043)
L2. h_GDP_g	- 0.5617 *** (0.143)	- 0.4457 ** (0.221)	- 16.7802 (64.058)	- 0.0023 (0.002)	0.2114 *** (0.073)
L2. h_FI_g	0.3912 (0.428)	- 0.4825 (0.473)	28.3766 (40.423)	- 0.0010 (0.003)	- 0.0190 (0.136)
L2. h_EI_g	0.0004 (0.000)	0.0015 ** (0.001)	0.0458 (0.046)	- 0.0000 (0.000)	- 0.0003 (0.000)
L2. h_M2_g	3.6305 (3.960)	0.9072 (6.651)	- 875.7791 (1494.440)	0.4891 *** (0.054)	- 49.4596 *** (2.798)
L2. h_r	0.1104 (0.101)	0.0778 (0.174)	- 35.1715 (28.691)	0.0125 *** (0.001)	- 0.8528 *** (0.060)
L3. h_GDP_g	- 0.4868 *** (0.152)	- 0.4556 ** (0.232)	- 16.4821 (49.401)	- 0.0034 ** (0.002)	0.2918 ** (0.117)
L3. h_FI_g	0.3529 (0.437)	- 0.5485 (0.493)	30.9291 (42.741)	0.0004 (0.003)	0.0216 (0.137)

续表

变量	（1） h_GDP_g	（2） h_FI_g	（3） h_EI_g	（4） h_M2_g	（5） h_r
L3. h_EI_g	0.0000 （0.000）	0.0009 ** （0.000）	0.0349 （0.033）	0.0000 （0.000）	－ 0.0000 （0.000）
L3. h_M2_g	－ 9.3384 ** （4.145）	－ 7.6813 （5.613）	177.8158 （552.693）	0.1567 *** （0.040）	22.6475 *** （2.250）
L3. h_r	－ 0.0319 （0.044）	－ 0.0320 （0.075）	8.3539 （17.770）	－ 0.0035 *** （0.001）	0.3460 *** （0.031）
L4. h_GDP_g	0.0835 （0.144）	－ 0.5586 ** （0.232）	－ 5.8760 （40.517）	－ 0.0056 *** （0.002）	0.2465 ** （0.098）
L4. h_FI_g	0.4428 （0.461）	0.4383 （0.496）	28.6459 （40.580）	－ 0.0012 （0.003）	0.0232 （0.138）
L4. h_EI_g	－ 0.0000 （0.001）	0.0018 （0.002）	0.1422 （0.192）	0.0000 （0.000）	－ 0.0007 （0.001）
L4. h_M2_g	1.9386 （3.407）	0.5721 （6.251）	－ 1131.7831 （897.272）	0.9508 *** （0.055）	－ 42.9447 *** （2.177）
L4. h_r	0.0406 （0.032）	0.0381 （0.050）	1.7046 （10.618）	0.0019 *** （0.000）	－ 0.2285 *** （0.018）
观测值	310	310	310	310	310

注：***、**、*分别表示在1%、5%和10%统计水平下显著，括号内报告的是标准误。

　　由图5-1可知：第一，当非金融企业影子银行化规模增长率（EI_g）对产出增长率产生1个标准差的冲击后，总产出增长率在第1期会受到正面的影响，在第2期达到正向最大，随后下降，到第4期趋于负值。第二，给非金融企业影子银行规模增长率（EI_g）1个单位标准差冲击，固定资产投资增长率在第1期达到正向最大，到第2期保持平稳，随后下降，在第3期达到负向最大，随后缓慢上升，到第4期正向趋于零。因此，非金融企业影子银行化在短期能够提高经济总产出和固定资产投资水平，但从长期来看对产出增长的促进作用并不明显。

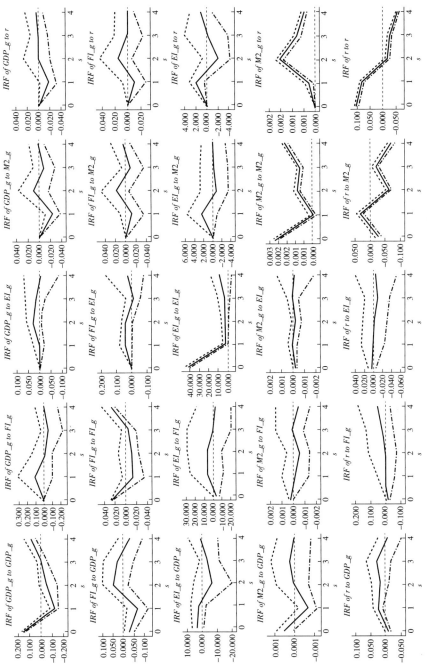

图 5 - 1　PVAR 模型的脉冲响应分析结果

为了进一步分析每一个结构冲击对内生变量的贡献程度，即 PVAR 方程中的冲击变量对内生变量波动的贡献程度，本书通过方差分解的方法考察了 GDP_g、FI_g、EI_g、$M2\_g$ 和 r 的相互影响程度，如表 5-11 所示。结果表明，在第 1 个和第 2 个预测期，产出增长率主要受到自身和固定资产投资增长率的影响，非金融企业影子银行化规模增长率对产出增长不存在贡献。选取第 3 个和第 4 个预测期进行方差分解，非金融企业影子银行化规模增长率对产出增长的解释能力在 2% 和 4% 之间。非金融企业影子银行规模增长率对固定资产投资增长率在第一个预测期没有解释作用，在第 2 个预测期的解释力较弱，只有 1.7%，在第 3 期和第 4 期的解释力度维持在 2.9%。总体来看，非金融企业影子银行化为对产出增长和固定资产投资的提升作用较弱。

表 5-11　　　　　　　　　　PVAR 模型的方差分解结果

变量	时期	GDP_g	FI_g	EI_g	$M2\_g$	r
GDP_g	1	1.000	0.000	0.000	0.000	0.000
GDP_g	2	0.754	0.229	0.000	0.011	0.006
GDP_g	3	0.745	0.219	0.018	0.012	0.005
GDP_g	4	0.711	0.250	0.022	0.012	0.005
FI_g	1	0.011	0.989	0.000	0.000	0.000
FI_g	2	0.056	0.925	0.017	0.001	0.001
FI_g	3	0.064	0.901	0.029	0.004	0.003
FI_g	4	0.064	0.901	0.029	0.004	0.003
EI_g	1	0.006	0.006	0.989	0.000	0.000
EI_g	2	0.008	0.026	0.961	0.003	0.002
EI_g	3	0.028	0.046	0.918	0.003	0.004
EI_g	4	0.034	0.046	0.912	0.003	0.004
$M2\_g$	1	0.013	0.014	0.009	0.965	0.000
$M2\_g$	2	0.035	0.018	0.009	0.924	0.014
$M2\_g$	3	0.021	0.041	0.011	0.640	0.287

变量	时期	GDP_g	FI_g	EI_g	M2_g	r
M2_g	4	0.020	0.037	0.010	0.614	0.319
r	1	0.008	0.025	0.001	0.063	0.904
r	2	0.029	0.014	0.001	0.094	0.862
r	3	0.038	0.013	0.000	0.231	0.717
r	4	0.067	0.034	0.003	0.222	0.675

表 5 - 12 进一步给出了 PVAR 模型产出增长率、固定资产投资增长率、非金融企业影子银行化规模增长率、货币供给增长率和银行同业拆借利率之间的格兰杰检验结果。结果表明，产出增长率和非金融企业影子银行化规模增长率之间不存在格兰杰因果关系。固定资产投资增长率和非金融企业影子银行化规模增长率之间存在单向因果关系，即非金融企业影子银行化规模的变动是引起固定资产投资规模变化的原因，但是固定资产投资规模的变化不是引起非金融企业影子银行化规模变化的原因。我国以委托贷款为代表的影子银行体系的产生，实质上是在我国银行信贷歧视的背景下融资优势企业将闲置现金投资于影子信贷市场以攫取高额利差收益的金融逐利行为。融资优势企业通过委托贷款、民间借贷等渠道向民营企业和中小企业等融资劣势企业融出资金的行为，能够提高整个社会的固定资产投资水平，但是没有能够促进经济产出水平的提升。

表 5 - 12　　　　　　　　PVAR 模型的格兰杰因果检验

原假设	F 值	P 值	结论
FI_g 不是引起 GDP_g 的格兰杰原因	9.0174	0.0610	拒绝
EI_g 不是引起 GDP_g 的格兰杰原因	2.3634	0.6690	接受
M2_g 不是引起 GDP_g 的格兰杰原因	32.9260	0.0000	拒绝
r 不是引起 GDP_g 格兰杰原因	4.5378	0.3380	接受
GDP_g 不是引起 FI_g 的格兰杰原因	7.9110	0.0950	拒绝
EI_g 不是引起 FI_g 的格兰杰原因	35.4260	0.0000	拒绝

原假设	F 值	P 值	结论
$M2\_g$ 不是引起 FI_g 的格兰杰原因	3.4877	0.4800	接受
r 不是引起 FI_g 的格兰杰原因	0.8503	0.9320	接受
GDP_g 不是引起 EI_g 的格兰杰原因	4.6385	0.3260	接受
FI_g 不是引起 EI_g 的格兰杰原因	5.3518	0.2530	接受
$M2\_g$ 不是引起 EI_g 的格兰杰原因	8.3328	0.0800	拒绝
r 不是引起 EI_g 的格兰杰原因	8.4233	0.0770	拒绝
GDP_g 不是引起 $M2\_g$ 的格兰杰原因	19.6480	0.0010	拒绝
FI_g 不是引起 $M2\_g$ 的格兰杰原因	29.4870	0.0000	拒绝
EI_g 不是引起 $M2\_g$ 的格兰杰原因	18.5970	0.0010	拒绝
r 不是引起 $M2\_g$ 格兰杰原因	2144.2000	0.0000	拒绝
GDP_g 不是引起 r 的格兰杰原因	9.4383	0.0510	拒绝
FI_g 不是引起 r 的格兰杰原因	10.8520	0.0280	拒绝
EI_g 不是引起 r 的格兰杰原因	8.2741	0.0820	拒绝
$M2\_g$ 不是引起 r 格兰杰原因	1487.2000	0.0000	拒绝

第二节　金融错配、非金融企业影子银行化与经济"脱实向虚"

一　理论分析与研究假设

金融错配的概念来源于金融资产配置理论。根据金融资源配置理论，金融资源只有流向效率最高的部门，才能实现金融资源配置的帕累托最优（Ozbas，2005；Eisfeldt and Rampini，2008）。在我国金融压抑的背景下，银行垄断了大部分的金融资源、政府的隐性担保、银企关系和社会关系等问题，导致银行将大部分低息、长期的贷款提供给国有企业，而对经济增长和就业贡献更大的民营企业和中小企业被排斥在主流金融体系之外，金融错配现象日益凸显（陆正飞、祝继高和樊铮，2009；Brandt and Li，2003；邵挺，2010）。

金融错配是指金融资源配置的非效率状态，即金融资源没有流向高效率部门，进而导致金融支持与产出贡献不相匹配的现象（周煜皓和张盛勇，2014）。目前，国有企业和民营企业之间不对称的产出效率和融资能力是我国现阶段金融错配的集中体现（鲁晓东，2008）。靳来群（2015）将经济体划分为国有部门和非国有部门，通过构建企业异质性模型发现，如果银行信贷歧视引致的金融错配水平每增加1%，则制造业的全要素生产率将提高约50%。

　　目前，我国产品市场和要素市场存在较为严重的行业集中垄断、资源浪费和生产效率低下等现象，这些问题实则都归因于经济体系中的资源错配现象，即资本、劳动要素偏离了效率分配的原则。其中，金融部门引致的金融错配效应和扭曲效应会导致金融与实体经济有所脱离，降低实体投资水平，进而对经济增长形成"拖累效应"，（鲁晓东，2008；于泽、陆怡舟和王闻达，2015）。当前，金融错配现象普遍存在于我国金融体系之中，银行、证券等主流金融机构将更倾向于为低效率的国有企业提供贷款，而忽视效率更高、对国民经济增长贡献更高的民营企业和中小企业的融资需求（李广子和刘力，2009；Ayyagari et al.，2010）。非国有企业相较于国有企业更具有效率的观点已得到国内外学术界的一致认可，但是就银行贷款和政府补助与总投资额占比来看，国有企业却是民营企业的三倍以上（Boyreau and Wei，2004）。金融资源在国有企业之间的低效率配置会导致资本与投资机会相分离，从而投资机会较多、高成长性的民营企业和中小企业很难从银行获得贷款，长期处于"融资难""融资贵"的困境之中，生产性投资和技术创新行为因流动性短缺而受到较强的抑制（Guariglia and Poncet，2006）。与此同时，缺乏良好投资和增长机会的部分国有企业和僵尸企业，利用政府强制性政策供给和所有制优势，占用了银行大部分低息的信贷资源，在缺乏实体资金出口的情况下，大量资金通过"金融漏损"和"低效率特权流转"的方式释放到金融市场和融资需求方的手中，从而导致金融供给总量和实体投资与经济增长之间出现负相关关系（鲁晓东，

2008；安强身和江占英，2013）。

我国金融制度的历次变迁都源自政府自上而下的强制性政策供给行为，而非微观主体需求对企业决策行为自下而上的推动，金融中介垄断和国有商业银行寡占的双向格局就此形成。在这种压抑的金融环境下，货币供给与实体经济相脱离，资金在金融市场内部空转与民营企业和中小企业融资难问题并存。王永钦等（2015）提出，在信贷歧视背景下，经济主体克服信贷约束的行为导致了非正规金融体系的放贷现象。融资优势企业利用其多元化融资渠道，从资本市场和金融中介融入超过其自身生产经营所需的资金，转而再通过委托贷款、委托理财和民间借贷等方式参与影子信贷市场（刘珺、盛宏清和马岩，2014；韩珣、田光宁和李建军，2017）。可见，金融中介在国有部门和非国有部门之间以及部门之内的融资能力与生产效率不相匹配的资金配置行为，是导致非金融企业影子银行化行为的重要诱因。

目前，企业部门主要通过委托代理、商业信用和股权创新三种方式开展影子银行活动（韩珣、田光宁和李建军，2017）。企业投资金融资产主要是出于预防性储蓄动机或者利润追逐动机（彭俞超、韩珣和李建军，2018）。然而，非金融企业的影子银行业务有别于股票投资、债券投资等传统金融资产投资，其高杠杆、高风险、信用链条复杂和法律主体不明确等特点，导致企业部门的影子信贷产品价格波动较大、变现困难以及投资风险较高，很难实现流动性储备的功能。因此，非金融企业影子银行化主要出于赚取高额利差收益的利润追逐动机。一方面，金融错配程度的提高会加大非金融企业从资本市场和银行融入资金的难度，内部闲置现金流减少，从而会抑制非金融企业在影子信贷市场上的投资；另一方面，金融错配引致的企业实体投资率的下降，会促使非金融企业影子银行业务对主营业务投资的替代，从而增加非金融企业影子银行化规模。有鉴于此，本书提出两个备择假设。

假设 H5 - 2 - 1a：金融错配程度的提高会抑制非金融企业影子

银行化规模。

假设 H5 – 2 – 1b：金融错配程度的提高会促进非金融企业影子银行化规模。

金融错配程度的提高会增加非金融企业的融资约束和融资成本。融资约束的上升，会降低企业内部自由现金流，进而对出于利润追逐动机的非金融企业影子银行化规模造成负面影响（韩珣、田光宁和李建军，2017）。融资成本上升引致的资本回报率的提高也会进一步降低非金融企业影子银行化的收益，从而抑制非金融企业从事影子银行活动的意愿。因此，金融错配会通过融资约束和资本回报率渠道对非金融企业影子银行化规模产生负面影响。有鉴于此，本书提出金融错配对非金融企业影子银行化规模的作用机制。

假设 H5 – 2 – 2a：金融错配程度的提高，通过提升融资约束程度进而降低企业影子银行化规模。

假设 H5 – 2 – 2b：金融错配程度的提高，通过提升资本回报率进而降低企业影子银行化规模。

理想状态下，企业的投资决策取决于项目的净现值，但是现实中的信息不对称、委托代理和交易费用等问题，导致企业的生产创新行为受到融资约束、投资者情绪以及金融摩擦等宏观层面因素的影响（朱红军、何贤杰和陈信元，2006；Fazzari and Athey，1987；花贵如、刘志远和许骞，2011；饶品贵、岳衡和姜国华，2017）。在市场不完备的情况下，信息不对称会导致企业面临严重的融资约束问题，即使存在投资机会也无法获得资金支持（Fazzari and Athey，1987）。还有部分文献考虑了市场参与主体的非完全理性行为，探究投资者情绪和管理者乐观主义对企业投资决策的影响（潘敏和朱迪星，2011；花贵如、刘志远和许骞，2011）。现实中，不仅资本市场摩擦会通过不同渠道作用于企业投资行为，政府规制政策和经济周期等宏观环境的变化也会影响企业投资决策。许伟和陈斌开（2016）根据 2004—2009 年增值税转型的自然实验研究发现，税收激励能够促进企业实体投资。此外，国内外许多文献研究发现，经济政策不确定性的上升也会通过实物期权和金融摩擦等渠道抑制企业投资（谭小芬和张文婧，2017）。

　　金融错配程度的提高会增加企业从外部融入资金的难度，进而导致企业融资约束程度提高。融资约束程度的提高会对公司的投资规模造成负面影响（Fazzari and Athey，1987；连玉君和苏治，2009）。企业面临的金融错配程度越强，同时也意味着从外部融资的资金成本越高。具体而言，以国有企业为代表的融资优势方面临的金融错配程度较低，可以通过多元化融资渠道融入超过其生产投资活动所需的资金。但是中小企业和民营企业受到抵押品价值不足和财务报表披露不充分等各种因素的制约，直接融资和间接融资都面临较为苛刻的贷款条件和更高的贷款利率，部分企业从非正规金融机构获得短期、高息的过桥贷款以应对流动性短缺的困境，会提高融资成本（李建军和马思超，2017；李建军和韩珣，2016）。因此，私营企业和中小企业必须要以更高的资本回报率，才能抵消融资成本上升对企业经营活动的负面影响（邵挺，2010）。资本回报率的提高会导致企业的实体投资机会减少，进而抑制企业对固定资产和无形资产的投资规模。

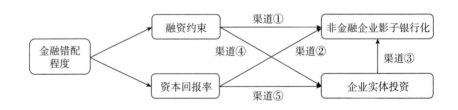

图 5-2　金融错配对非金融企业影子银行化的影响机制

　　非金融企业影子银行化作为主营业务投资的替代性投资方式，也会受到实体投资规模的影响。金融错配程度的提高会降低企业生产研发的动力（成力为、温源和张东辉，2015），进而促进企业将精力和资源转移到影子信贷市场开展投融资。因此，本书提出金融错配影响企业影子银行化规模渠道的第三个假设。

假设 H5 - 2 - 2c：金融错配程度的提高通过抑制企业实体投资进而促进非金融企业影子银行化规模。

二　实证研究设计

金融错配程度较低的企业，其外部融资能力较强，并且从银行和资本市场融入资金从事影子银行活动的动机更强（韩珣、田光宁和李建军，2017）。然而，随着金融错配程度的提高，非金融企业面临的融资约束和融资成本不断攀升，现金流不足和利差收益下降的双重作用会抑制基于利润追逐目标的非金融企业的影子银行化行为。当金融错配引致的资金成本远超过主营业务投资的回报率时，非金融企业从事实体投资的意愿下降，并且会将更多的精力和资源转移到高风险、高收益的影子银行活动中，进而导致非金融企业影子银行化规模处于较高的水平。为了进一步检验金融错配程度与非金融企业影子银行化之间的关系，本书构建实证模型如式（5 - 33）所示。

$$SB_{i,t} = \beta_0 + \beta_1 FM_{i,t} + \beta_2 FM\_Square_{i,t} + \beta_3 Return\_Gap_{i,t} +$$
$$\beta_4 Risk\_Gap_{i,t} + \gamma X_{i,t} + u_i + \theta_t + \varepsilon_{i,t} \qquad (5 - 33)$$

模型（5 - 33）中，$SB_{i,t}$ 表示第 t 年企业 i 的影子银行化规模。参考邵挺（2010）和周煜皓等（2014），本书采用每个企业的资金使用成本对所在行业平均资金使用成本的偏离程度衡量金融错配程度（FM）。具体而言，本书采用财务费用中的利息支出与负债总额扣除应付账款的占比衡量企业资金使用成本。因此，如果企业的金融错配程度高于同行业中的其他企业，那么 FM 将大于 0；反之，如果企业的金融错配程度低于所在行业资金使用成本的均值，那么 FM 将小于 0。本书在回归模型中同时控制了金融错配的二次项 $FM\_Square_{i,t}$，用于控制金融错配与非金融企业影子银行化之间可能存在的非线性关系。① 企业的投资行为也会受到金融与实体相对收益和金融与实体相对风险的影响。因此，本书参考张成思和张步昙（2016）的研究，金融收益率采用金融收益与金融资产的比值进行测算。金融收益由投资收益、公允价值变动损益、净汇兑损益扣除对联营和合营企业的投资收益后得到；金融资产通过货币资金、交易性金融资产、衍生金融资产、可供出售金融资产、持有至到期投资、投资性房地产、应收股利、应收利息和短期投资净额加总得到。实体收益率由经营收益与经营资产的占比反映，其中，经营收益根据营业收入扣除营业成本、营业税及附加、期间费用和资产减值损失得到，总资产扣除金融资产即得到经营资产。本书分别采用金融收益率与实体收益率的差值、金融收益率三年滚动标准差与实体收益率三年滚动标准差的差值作为金融与实体相对收益和金融与实体相对风险的代理指标。回归模型（5－33）中，u_i 表示企业固定效应，用以捕捉不随时间改变的个体异质性特征，θ_t 表示年份固定效应，$\varepsilon_{i,t}$ 表示未观测到的残差。本书采用面板固定效应模型进行实证检验，并采用聚类稳健标准误，将其聚类到企业层面。此外，模型中进一步加入了公司规模（$size$）、现金水平（cfo）、主营业务收入增长（$growth$）、盈利能力（ROE）、股权结构（$ownershare$）、上市年限（age_list），以尽可能控制其他因素对企业投资规模的影响。

如前文分析，金融错配主要通过融资约束、资本回报率和企业实体投资对非金融企业影子银行化规模产生影响。为了进一步考察金融错配对非金融企业影子银行化规模的影响渠道，本书借鉴 Baron、Kenny（1986）和温忠麟等（2004）提出的中介效应检验方法，构建递归模型实证分析金融错配对非金融企业影子银行化的影响。首先采用中介效应模型，检验金融错配通过融资约束和资本回报率

① 金融错配与非金融企业影子银行化之间可能存在一定的非线性关系，即随着金融错配程度的提高，非金融企业的影子银行化规模快速增长。后文笔者对金融错配与非金融企业影子银行化之间的关系进行检验发现，两者之间不存在显著的线性关系，但是确实存在非线性关系。

渠道对企业实体投资规模的影响，即渠道④和渠道⑤的存在性（见图 5 – 2）。为实现金融错配与企业实体投资的中介效应检验，构建实证模型如下所示。

$$INV_{i,t} = \tau 0 + \tau_1 INV_{i,t-1} + \tau_2 FM_{i,t} + \tau_3 Return\_Gap_{i,t} +$$
$$\tau_4 Risk\_Gap_{i,t} + \gamma X_{i,t} + u_i + \theta_t + \varepsilon_{i,t} \qquad (5-34)$$

$$Fin_{i,t} = \rho_0 + \rho_1 FM_{i,t} + \rho_2 Return\_Gap_{i,t} + \rho_3 Risk\_Gap_{i,t} + \gamma X_{i,t} +$$
$$u_i + \theta_t + \varepsilon_{i,t} \qquad (5-35)$$

$$ROE_{i,t} = \sigma_0 + \sigma_1 FM_{i,t} + \sigma_2 Return\_Gap_{i,t} + \sigma_3 Risk\_Gap_{i,t} +$$
$$\gamma X_{i,t} + u_i + \theta_t + \varepsilon_{i,t} \qquad (5-36)$$

$$INV_{i,t} = \pi_0 + \pi_1 INV_{i,t-1} + \pi_2 FM_{i,t} + \pi_3 Fin_{i,t} + \pi_4 ROE_{i,t} +$$
$$\pi_5 Return\_Gap_{i,t} + \pi_6 Risk\_Gap_{i,t} + \gamma X_{i,t} + u_i + \theta_t + \varepsilon_{i,t}$$
$$(5-37)$$

其中，$INV_{i,t}$ 表示企业 i 在 t 年份的实体投资水平，具体采用企业购买固定资产、无形资产和其他长期资产支付的现金的对数值衡量，考虑到上期企业固定资产投资水平会对本期投资规模产生影响，因此在模型中加入被解释变量的滞后一阶。$Fin_{i,t}$ 表示企业 i 在第 t 年面临的融资约束程度，参考阳佳余（2012）的研究，选取现金存量占总资产的比率（现金比率）、应收账款与总资产的比值、企业规模、有形资产与总资产的比值、清偿比率、流动性比率、港澳台投资和外商投资与实收资本的比值、总资产收益率和销售净利率 9 个指标构建融资约束指标 Fin_Score。Fin_Score 的数值越高，说明企业所受的融资约束程度越高，企业融资难度更大。此外，在稳健性检验中，采用清偿比率和现金比率作为融资约束的代理指标，如果单个融资约束指标低于分行业一年度中位数，则该指标设置为 1，否则设置为 0。模型（5 – 36）则进一步检验金融错配对资本收益率的影响，本书将净资产收益率（ROE）作为资本回报率的代理指标，并且对资产收益率（ROA）和销售净利率（ROF）进行稳健性检验。

其余企业层面的控制变量与前文相一致。①

中介效应检验具体如下：第一步，对模型（5－34）进行回归，检验金融错配与企业实体投资规模的系数是否显著。如果τ2 的系数显著为负，说明金融错配水平的提高会抑制企业生产性投资，进行下一步；如果系数不显著则停止检验。第二步，对模型（5－35）和模型（5－36）进行回归，分别检验两个中介变量融资约束和资本回报率与金融错配的回归系数ρ_1和σ_1是否显著。如果ρ_1（σ_1）系数显著为正，则说明金融错配水平的提高会提高企业的融资约束程度（资本回报率）。第三步，对模型（5－37）进行回归，分别检验π_3（π_4）和ρ_1（σ_1）的显著性，如果π_3（π_4）和ρ_1（σ_1）的系数都是显著的，那么进一步检验π_2，如果π_2不显著，说明存在完全中介效应；如果π_2显著，则存在部分中介效应。如果ρ_1（σ_1）和π_3（π_4）至少有一个不显著，那么采用 Sobel 检验。如果 Sobel 检验拒绝原假设，则说明存在中介效应，否则中介效应不存在。

为了检验图 5－2 中金融错配通过融资约束、资本回报率和企业实体投资三个中介变量对非金融企业影子银行化规模的影响，构建中介效应模型：

$$Fin_{i,t} = \rho_0 + \rho_1 FM_{i,t} + \rho_2 Return\_Gap_{i,t} + \rho_3 Risk\_Gap_{i,t} + \gamma X_{i,t} + u_i + \theta_t + \varepsilon_{i,t} \tag{5－38}$$

$$ROE_{i,t} = \sigma_0 + \sigma_1 FM_{i,t} + \sigma_2 Return\_Gap_{i,t} + \sigma_3 Risk\_Gap_{i,t} + \gamma X_{i,t} + u_i + \theta_t + \varepsilon_{i,t} \tag{5－39}$$

$$SB_{i,t} = \mu_0 + \mu_1 FM_{i,t} + \mu_2 FM\_Square_{i,t} + \mu_3 Fin_{i,t} + \mu_4 ROE_{i,t} + \mu_5 INV_{i,t} + u_6 Return\_Gap_{i,t} + \mu_7 Risk\_Gap_{i,t} + \gamma X_{i,t} + u_i + \theta_t + \varepsilon_{i,t} \tag{5－40}$$

中介效应检验的步骤与前文相一致，这里分别考察模型（5－

---

① 除上文列示的控制变量外，企业杠杆率和托宾 Q 值也会影响企业的实体投资规模，但是在回归中，检验发现企业杠杆率和托宾 Q 值的方差膨胀因子大于 10，存在多重共线性问题，因此，本书在实证模型中不加入上述两个变量，以期消除多重共线性对实证结果的影响。

33）、模型（5-34）、模型（5-38）、模型（5-39）和模型（5-40）中对应的系数的显著性，以考察金融错配通过融资约束（渠道①）、资本回报率（渠道②）和企业实体投资（渠道③）作用于非金融企业影子银行化的中介效应。

三 实证结果分析

（一）回归结果分析

本书首先采用面板固定效应模型，实证检验金融错配对非金融企业影子银行化规模的影响。考虑到金融错配与非金融企业影子银行化之间可能存在的非线性关系，在模型中同时加入了金融错配水平（FM）和金融错配程度的二次项（FM_Square）。表5-13给出了金融错配与非金融企业影子银行化的基准回归结果。表5-13中第（1）列到第（4）列分别是加入了不同信息集的面板固定效应回归结果。将全部信息集加入模型中时，金融错配（FM）和金融错配水平的平方项（FM_Square）系数分别是0.0416和0.0006，均在5%统计水平下是显著的，说明金融错配与非金融企业影子银行化规模之间存在显著的非线性关系。企业金融错配水平均位于中轴的右侧①，说明金融错配程度的提高会促进非金融企业影子银行化行为，验证了假设H5-2-1b。

表5-13   金融错配与非金融企业影子银行化

	(1)	(2)	(3)	(4)
FM	0.0419 ***	0.0419 ***	0.0416 **	0.0416 **
	(0.016)	(0.016)	(0.017)	(0.017)

---

① 金融错配与非金融企业影子银行化的中轴为-34.6667，全部A股上市公司数据经过上下1%极端值处理后，金融错配程度的中位数和均值分别为-0.0013和0.0020，计算结果显示99.99%的企业金融错配水平位于中轴右侧，因此，从整体上看，金融错配程度的提高会促进非金融企业影子银行化趋势。

	（1）	（2）	（3）	（4）
FM_Square	0.0007 **	0.0007 **	0.0006 **	0.0006 **
	（0.000）	（0.000）	（0.000）	（0.000）
Return_Gap	0.0002 ***	0.0003 ***	0.0002 ***	0.0002 ***
	（0.000）	（0.000）	（0.000）	（0.000）
Risk_Gap	0.0000 ***	0.0000 ***	0.0000 ***	0.0000 ***
	（0.000）	（0.000）	（0.000）	（0.000）
size	0.9085 ***	0.9245 ***	0.9585 ***	0.9585 ***
	（0.046）	（0.046）	（0.050）	（0.050）
cfo	−0.1246 **	−0.1373 ***	−0.1430 ***	−0.1430 ***
	（0.049）	（0.048）	（0.053）	（0.053）
growth	—	−0.0000 ***	−0.0000 ***	−0.0000 ***
		（0.000）	（0.000）	（0.000）
ROE	—	0.0011 *	0.0011	0.0011
		（0.001）	（0.001）	（0.001）
ownershare	—	—	−0.0073 ***	−0.0073 ***
			（0.002）	（0.002）
age_list	—	—	—	−0.0330 ***
				（0.009）
常数项	−1.7886 *	−2.1378 **	−2.5821 **	−2.4651 **
	（0.979）	（0.976）	（1.047）	（1.026）
观测值	17197	17152	15589	15589
R^2	0.246	0.245	0.245	0.245
个体固定效应	控制	控制	控制	控制
时间固定效应	控制	控制	控制	控制

注：括号内为聚类到企业层面的稳健标准误，***、**、*分别表示在1%、5%和10%统计水平下显著。

随着我国经济金融化趋势的日益增强和实体经济的长期疲软，越来越多的企业更倾向于从事投资期限短、投资回报率较高的类金融资产投融资活动。金融错配程度的提高，一方面会导致企业内部自由现金流下降，影子银行投资行为受到抑制；另一方面，融资成本提高引致的实体投资率的降低，也会导致类金融资产投资对实体投资的替代，从而加快游离于监管之外的影子银行体系的发展。金融深化程度较高、信贷资源配置市场化程度较低的地区，企业金融资产投资机会更多，实体投资环境更差。因此，为了进一步检验金融错配对非金融企业影子银行化行为影响的地区异质性，本书分别采用信贷资金分配的市场化程度及地区银行贷款与地区 GDP 的比值来衡量地区的金融深化程度（陈德球、魏刚和肖泽忠，2013），并且将固定资产投资来源中银行贷款与政府预算的比值作为金融活动市场驱动性的代理指标（鲁晓东，2008）。以上数据来源于樊纲等（2011）的《中国市场化指数》和《区域金融运行报告》。回归结果如表 5 - 14 所示。

表 5 - 14　　　　　金融错配与非金融企业影子银行化：地区异质性

	（1） 金融深化	（2） 金融深化	（3） 金融深化	（4） 金融深化	（5） 市场驱动性	（6） 市场驱动性
FM	0. 1790 ***	0. 0274	0. 0453 **	0. 0236	0. 0444 ***	0. 0161
	(0. 050)	(0. 019)	(0. 021)	(0. 034)	(0. 015)	(0. 072)
FM_ Square	0. 0072 *	0. 0004	0. 0007 **	- 0. 0005	0. 0010 ***	0. 0001
	(0. 004)	(0. 000)	(0. 000)	(0. 002)	(0. 000)	(0. 001)
Return_ Gap	- 0. 0009 ***	0. 0002 ***	0. 0002 ***	0. 0029	0. 0027	- 0. 0005 ***
	(0. 000)	(0. 000)	(0. 000)	(0. 003)	(0. 003)	(0. 000)
Risk_ Gap	0. 0001	0. 0000 ***	0. 0000 ***	0. 0000	- 0. 0003	0. 0000 ***
	(0. 000)	(0. 000)	(0. 000)	(0. 001)	(0. 001)	(0. 000)
其他控制变量	控制	控制	控制	控制	控制	控制
常数项	- 4. 2716 *	- 3. 5086 **	- 3. 4489 ***	- 2. 0105	- 2. 6047 *	- 2. 6462 **
	(2. 218)	(1. 458)	(1. 204)	(1. 542)	(1. 560)	(1. 198)
观测值	3261	12328	7803	7786	7539	8050

续表

	(1) 金融深化	(2) 金融深化	(3) 金融深化	(4) 金融深化	(5) 市场驱动性	(6) 市场驱动性
R^2	0.167	0.245	0.262	0.216	0.236	0.253
个体固定效应	控制	控制	控制	控制	控制	控制
时间固定效应	控制	控制	控制	控制	控制	控制

注：括号内为聚类到企业层面的稳健标准误，＊＊＊、＊＊、＊分别表示在1%、5%和10%统计水平下显著。

表5－14中第（1）列和第（2）列根据信贷资金分配的市场化程度，将各地区划分为金融深化程度高和金融深化程度低的地区。如果信贷资金分配的市场化程度高于同年度同行业中位数，则将其认定为金融深化程度高的区域；如果低于同行业同年度中位数，则划分为金融深化程度较低的地区。表5－14中第（3）列和第（4）列则根据地区银行贷款占 GDP 比重来划分样本。实证结果表明，在金融深化程度高的地区，金融错配（*FM*）和金融错配二次项（*FM_Square*）的系数均在10%统计水平上显著为正；在金融深化程度较低的区域，金融错配对非金融企业影子银行化规模的影响并不显著。进一步分析发现，如果企业所在地区的金融深化程度较高，则金融错配水平的提高会促进非金融企业影子银行化行为。原因在于，金融错配水平的上升通过提高企业融资难度和融资成本两条渠道，抑制企业投资水平，但是在金融中介和资本市场发展水平较好的地区，金融市场的可及性和投资回报率更高，类金融资产相较于生产性主营业务的"替代性投资"作用更强。因此，随着金融错配负担水平的提高，企业将会逐渐从主营业务中抽离，将更多的资源和精力转向高杠杆、高收益的影子银行业务，从而反映出金融错配对企业影子银行规模的促进作用。表5－14中第（5）列和第（6）列报告了在金融活动市场驱动程度较低和较高的企业中，金融错配与非金融企业影子银行化规模之间的回归结果。可见，金融错配对企业影子

银行规模的促进作用，在金融资源市场化配置程度较低、政府干预程度较高的地区更加显著。在经济活动由政府而非市场主导的地区，企业的融资环境和投资环境更差。因此，金融错配成本的上升对于降低企业实体投资意愿，促进影子银行投资的效应更加明显。

在我国特定的金融体制下，部分企业出现亏损，甚至面临资不抵债和破产的风险。政府部门出于稳定就业、特殊产业支持等考虑，会通过政府补贴的方式为这类企业提供低成本资金。银行为了避免不良贷款显性化，也会继续为企业提供银行低息贷款，从而导致我国出现了大量"僵而不死"的僵尸企业（黄少卿和陈彦，2017）。僵尸企业主营业务经营困难，且不存在良好的生产性投资机会，但其却能够以低于市场最优利率的成本吸收大量的信贷资源，主要根源在于金融资源在僵尸企业和非僵尸企业之间存在明显的错配（谭语嫣等，2017）。僵尸企业在实体投资机会匮乏和低成本资金支持的双重作用下，从事高息影子银行业务以期弥补主营业务亏损的动机更强。因此，为了进一步探究金融错配对非金融企业影子银行化规规的企业异质性影响，本书参考申广军（2016）的研究，采用实际利润法和过度借贷法将上市公司划分为僵尸企业和非僵尸企业。具体而言，如果上市公司同时满足以下三个条件：（1）资产负债率高于50%；（2）实际利润为负；（3）负债比上一年有所增长，本书则将其认定为僵尸企业。

表5–15第（1）列和第（2）列给出了僵尸企业和非僵尸企业金融错配对非金融企业影子银行化行为的影响。结果显示，僵尸企业中金融错配（FM）的系数在10%统计水平下显著为正，说明金融错配程度的提高会显著提高僵尸企业影子银行化规模。非僵尸企业中，金融错配与非金融企业影子银行化之间的非线性关系和正向影响仍然存在。但是，从非金融企业影子银行化规模的变动趋势来看，金融错配对僵尸企业影子银行规模增长率的正向影响远高于非僵尸企业。根本原因在于，僵尸企业受到产出效率低下、银行和政府部门低成本信贷资金的供给两方面因素的影响。金融错配负担成

本的上升导致僵尸企业生产性投资规模相较于非僵尸企业下降更快，从事高风险、高收益影子银行活动的利润追逐动机也更为强烈。此外，本书进一步分析了在盈利能力较差和盈利能力较强的企业中，金融错配对非金融企业影子银行化规模的异质性影响，结果列示于表5-15之中。结果表明，对于盈利能力较差的企业，金融错配负担成本的提高会促进非金融企业影子银行化规模扩大，但是对于盈利较强的企业这种效应并不显著。原因在于，盈利能力较差的企业，生产性投资对融资成本的上升更为敏感，类金融资产投资对主营业务的替代性更强，进而导致金融错配程度的提高对非金融企业影子银行化的正向影响更为显著。

表5-15   金融错配与非金融企业影子银行化：企业异质性

	（1）	（2）	（3）	（4）
FM	0.3532 *	0.0388 **	0.0375 **	0.0910
	（0.201）	（0.018）	（0.015）	（0.083）
FM_Square	0.0199	0.0006 **	0.0006 **	0.0012
	（0.021）	（0.000）	（0.000）	（0.008）
Return_Gap	0.0004	0.0002 ***	0.0004	0.0002 ***
	（0.002）	（0.000）	（0.001）	（0.000）
Risk_Gap	0.0029	0.0000 ***	0.0010 **	0.0000 ***
	（0.003）	（0.000）	（0.000）	（0.000）
其他控制变量	控制	控制	控制	控制
常数项	5.7199	-2.8634 ***	-0.5560	-1.2499
	（5.118）	（0.991）	（1.411）	（1.306）
观测值	502	15087	7833	7216
R²	0.468	0.248	0.221	0.274
个体固定效应	控制	控制	1755	1904
时间固定效应	控制	控制	控制	控制

注：括号内为聚类到企业层面的稳健标准误，***、**、*分别表示在1%、5%和10%统计水平下显著。

（二）机制识别：中介效应检验

为了进一步检验金融错配对非金融企业影子银行化的作用机制，本书采用中介效应模型探究融资约束、资本回报率和企业实体投资渠道的存在性。首先检验金融错配程度的提高对企业实体投资规模的整体影响及其作用机制。具体而言，采用面板固定效应模型进行实证分析，结果列示于表 5 - 16 中。表中第（1）列到第（4）列是逐个加入控制变量之后的回归结果。金融错配（FM）的系数为 - 0.0176，在 10% 统计水平下是显著的。这表明，金融错配程度越高，企业实体投资规模越小，即金融错配水平的提高会增加企业融资难度和融资成本，进而抑制企业的生产性投资。

控制变量方面，企业上一期的投资规模（$L.INV$）系数在 1% 统计水平下显著为正，说明企业生产性投资具有明显的路径依赖作用，即上期固定资产和无形资产投资规模越高的企业，本期实体投资水平也更高。金融与实体收益率之差（$Return\_Gap$）的系数并不显著，金融与实体相对风险的系数在 5% 统计水平下显著为负，可见，金融资产相对于经营活动风险的提高也会对企业生产性投资造成负面影响。此外，公司规模（$size$）、主营业务收入增长率（$growth$）、净资产收益率（ROE）和实际控制人拥有上市公司所有权比例（$owner\-share$）分别在 1%、5% 和 10% 统计水平下显著为正，上市年限（age_list）系数在 1% 统计水平下显著为负。这说明，规模越大、成长性越高、盈利能力越强、股权更为集中和上市年限越短的企业，从事生产性投资的意愿更强。

表 5 - 16　　　　　　　　　**金融错配与企业实体投资**

	（1） FE	（2） FE	（3） FE	（4） FE
$L.INV$	0.2924 ***	0.2926 ***	0.2833 ***	0.2833 ***
	(0.016)	(0.013)	(0.014)	(0.014)

续表

	(1) FE	(2) FE	(3) FE	(4) FE
FM	-0.0188* (0.011)	-0.0192* (0.011)	-0.0176* (0.010)	-0.0176* (0.010)
Return_Gap	-0.0016 (0.001)	0.0009 (0.001)	0.0009 (0.001)	0.0009 (0.001)
Risk_Gap	-0.0013 (0.001)	-0.0010** (0.000)	-0.0010** (0.000)	-0.0010** (0.000)
size	0.8831*** (0.044)	0.8771*** (0.041)	0.8620*** (0.042)	0.8620*** (0.042)
cfo	0.0113 (0.057)	0.0174 (0.062)	0.0019 (0.047)	0.0019 (0.047)
growth	—	0.0000*** (0.000)	0.0000*** (0.000)	0.0000*** (0.000)
ROE	—	0.0034 (0.003)	0.0108** (0.005)	0.0108** (0.005)
ownershare	—	—	0.0033* (0.002)	0.0033* (0.002)
age_list	—	—	—	-0.0626*** (0.007)
常数项	-6.0055*** (0.791)	-5.8788*** (0.774)	-5.5109*** (0.784)	-5.2908*** (0.768)
观测值	17091	17061	15504	15504
R^2	0.346	0.340	0.335	0.335
个体固定效应	控制	控制	控制	控制
时间固定效应	控制	控制	控制	控制

注：括号内为聚类到企业层面的稳健标准误，***、**、*分别表示在1%、5%和10%统计水平下显著。

金融错配水平的提高使得企业的资金成本上升，此外资产专用性引致的埋没费用、劳动者解雇成本以及市场退出壁垒等问题，也会增加企业从事固定资产、无形资产等生产性投资的机会成本（卢华，2000；杨天宇和张蕾，2009）。资产专用性的提高，会进一步加剧金融错配对经营绩效的负面影响（王竹泉等，2017）。因此，本书借鉴已有研究，分别采用固定资产与总资产的比值，固定资产净值、无形资产净值、在建工程和长期待摊费用占总资产的比重衡量企业资产专用性，探究资产专用性对金融错配与企业实体投资之间的调节效应（方明月，2011；周煜皓和张盛勇，2014；王竹泉等，2017）。

表5-17　　　　　　金融错配与企业实体投资：企业异质性

	（1）资本可逆性高	（2）资本可逆性低	（3）资本专用性强	（4）资本专用性弱
L. INV	0.2487***	0.2179***	0.2713***	0.2027***
	(0.021)	(0.020)	(0.020)	(0.019)
FM	-0.0255***	0.0108	-0.0190*	-0.0839
	(0.008)	(0.051)	(0.010)	(0.077)
Return_Gap	-0.0042	-0.0000	-0.0167**	0.0009
	(0.017)	(0.001)	(0.008)	(0.001)
Risk_Gap	-0.0081	-0.0024*	-0.0124	-0.0018*
	(0.016)	(0.001)	(0.011)	(0.001)
控制变量	控制	控制	控制	控制
常数项	-8.4154***	-4.1831***	-6.4226***	-4.8206***
	(1.098)	(0.992)	(0.985)	(1.219)
观测值	7994	7492	7658	7306
R²	0.336	0.292	0.324	0.302
个体固定效应	控制	控制	控制	控制
时间固定效应	控制	控制	控制	控制

注：括号内为聚类到企业层面的稳健标准误，***、**、*分别表示在1%、5%和10%统计水平下显著。

根据固定资产与总资产的比值划分资本可逆性低和资产专用性强的企业。这种分类下金融错配与企业实体投资之间关系的分组回归结果见表 5 - 17 中第（1）列和第（2）列。资产专用性强的企业，金融错配（*FM*）的系数在 1% 统计水平下显著为负，资产专用性弱的企业该系数并不显著。资产专用性是指企业为了某项特殊的交易进行的耐用品投资，当资产用途被锁定后很难改为其他用途（Williamson，1998）。如果企业资产专用性强，说明企业难以实现经营活动与投资活动和不同项目之间的资源重新配置，或者调整成本较高，那么金融错配引致的资金成本上升的情况会加剧企业资本的"退出障碍"，进而导致企业未来变现成本提高，从事固定资产、无形资产等实体投资的意愿下降。表 5 - 17 中第（3）列和第（4）列将固定资产净值、无形资产净值、在建工程和长期待摊费用占总资产的比重作为划分资产可逆程度的依据，研究可知，资本专用性强的企业的金融错配（*FM*）系数是 - 0. 019，在 10% 统计水平下显著，资本专用性弱的企业系数不显著。因此，验证了本书的结论。

　　为了进一步考察金融错配对企业实体投资的影响渠道④和渠道⑤，即融资约束（*Fin_Score*）和资本回报率（*ROE*）两个中介变量的存在性，本书参照温忠麟（2004）的研究，进行中介效应检验，得到的实证结果如表 5 - 18 所示。表 5 - 18 中第（1）列给出了金融错配与企业实体投资的回归结果，金融错配（*FM*）的系数在 10% 统计水平下显著为负，说明总效应显著。表 5 - 18 中第（2）列和第（3）列的实证结果表明，金融错配（*FM*）的提高会增加企业面临的融资约束，但是金融错配（*FM*）与资本回报率的回归系数并不显著。第（4）列模型中同时加入了融资约束和资本回报率两个中介变量，融资约束与资本回报率的系数分别在 1% 和 5% 统计水平下显著，而金融错配（*FM*）的系数不显著，说明融资约束在金融错配与企业实体投资之间起到了中介效应。进一步采用 Sobel 检验考察资本回报率中介效应的存在，Sobel 检验的 Z 值为 - 1. 1852，$P > 0.1$，表明资本回报率的中介效应不存在。因此，金融错配主要通过融资约束渠道，而非资本回报率渠道作用于企业实体投资，渠道④成立，渠道⑤不存在。

表 5 – 18　　　　　中介效应检验：金融错配与企业实体投资

	(1)	(2)	(3)	(4)
L. *INV*	0. 2833 ***	—	—	0. 2938 ***
	(0. 014)			(0. 014)
FM	− 0. 0176 *	0. 1440 ***	− 0. 0206	− 0. 0151
	(0. 010)	(0. 037)	(0. 014)	(0. 010)
Fin_ Score	—	—	—	− 0. 0180 ***
				(0. 003)
ROE	0. 0108 **	—	—	0. 0100 **
	(0. 005)			(0. 005)
Return_ Gap	0. 0009	0. 0001	− 0. 0000	0. 0016 **
	(0. 001)	(0. 000)	(0. 000)	(0. 001)
Risk_ Gap	− 0. 0010 **	0. 0000 ***	0. 0000	− 0. 0008 **
	(0. 000)	(0. 000)	(0. 000)	(0. 000)
其他控制变量	控制	控制	控制	控制
观测值	15504	15592	15600	15498
R^2	0. 335	0. 068	0. 002	0. 339
个体固定效应	控制	控制	控制	控制
时间固定效应	控制	控制	控制	控制

注：括号内为聚类到企业层面的稳健标准误，***、**、*分别表示在1%、5%和10%统计水平下显著。

前文的实证结果表明，金融错配对非金融企业影子银行化规模有显著的促进作用，并且金融错配程度的提高通过增加融资约束而降低企业实体投资规模。为了探究金融错配对非金融企业影子银行化的影响渠道，本书进一步考察了融资约束、资本回报率和企业实体投资在金融错配与非金融企业影子银行化之间的中介效应。表 5 – 19 中第（1）列给出了金融错配对非金融企业影子银行化规模的总体效应，金融错配（*FM*）和金融错配二次项（*FM_ Square*）的系数在5%统计水平下都是显著的。表 5 – 19 中第（2）列至第（4）列分别是融资约束、资本回报率、企业实体投资与金融错配的回归结果。其中,第(2)列和第(4)列中金融错配(*FM*)的系数分别是0.1440和 - 0.0176,在1%和10%统计水平下显著,但是就资本回报率而言,金融错配(*FM*)的系数并不显著。表5 - 19中第(5)列中是在模型中同时加入融资约束,资本回报率和企业实体投资变量的回归结果。其中,融资约束和企业实体投资的系数分别是0.0232和 - 0.0427,在1%统计水平下显著,资本回报率的系数不显著。进一步采用Sobel检验,分析金融错配与非金融企业影子银行化关系中资本回报率中介效应的存在性,得到Z值为0.3638,P > 0.1,说明资本回报率中介效应不存在。因此,金融错配通过融资约束和企业实体投资两个中介变量,作用于非金融企业影子银行化行为。

表5 - 19   中介效应检验:融资约束、资本回报率和企业实体投资

	(1)	(2)	(3)	(4)	(5)
FM	0.0416 **	0.1440 ***	- 0.0206	- 0.0176 *	0.0357 **
	(0.017)	(0.037)	(0.014)	(0.010)	(0.017)
FM_ Square	0.0006 **	—	—	—	0.0006 **
	(0.000)				(0.000)
Fin_ Score	—	—	—	—	0.0232 ***
					(0.004)
INV	—	—	—	—	- 0.0427 ***
					(0.016)
ROE	0.0011	—	—	0.0108 **	0.0015
	(0.001)			(0.005)	(0.004)
Return_ Gap	0.0002 ***	0.0001	- 0.0000	0.0009	0.0054 ***
	(0.000)	(0.000)	(0.000)	(0.001)	(0.002)
Risk_ Gap	0.0000 ***	0.0000 ***	0.0000	- 0.0010 **	0.0000 ***
	(0.000)	(0.000)	(0.000)	(0.000)	(0.000)
其他控制变量	控制	控制	控制	控制	控制
观测值	15589	15592	15600	15504	15525

续表

	（1）	（2）	（3）	（4）	（5）
R^2	0.245	0.068	0.002	0.335	0.252
个体固定效应	控制	控制	控制	控制	控制
时间固定效应	控制	控制	控制	控制	控制

注：括号内为聚类到企业层面的稳健标准误，＊＊＊、＊＊、＊分别表示在1%、5%和10%统计水平下显著。

（三）稳健性检验

为了进一步证明本书实证结果的可信性，从以下几个方面进行稳健性检验。（1）改变金融与实体经济相对收益和相对风险的度量方式。在基准回归中，本书分别采用金融收益率与实体经济收益率的差值、金融收益率三年滚动标准差和实体经济收益率三年滚动标准差的差值衡量金融经济与实体经济的相对收益和风险。在稳健性检验中，当分别将金融收益率与实体经济收益率的比值、金融收益率三年滚动标准差和实体收益率三年滚动标准差的比值替代原有指标加入模型时，实证结果没有发生实质性改变。（2）聚类层面改变。上文固定效应回归聚类到企业层面，当稳健性检验中将标准误聚类到行业层面时，回归结果没有发生改变。（3）融资约束与资本回报率衡量指标的改变。本书在金融错配与非金融企业影子银行化的中介效应检验中，采用多个定量指标的信息构建评分指标，综合衡量企业融资约束程度，并且将净资产收益率（ROE）作为资本回报率的代理指标。在稳健性检验中，分别采用清偿比率、现金比率单个指标作为融资约束的代理变量，并且用资产收益率（ROA）和固定资产利润率（ROF）衡量企业的资本回报率，进行中介效应检验，核心变量的系数和显著性仍然没有发生改变。因此，结论是稳健的。

（四）进一步检验：非金融企业影子银行化与经济"脱实向虚"

近年来，我国宽松的货币政策未能有效地刺激实体经济。一方面，金融部门逐渐偏离服务实体经济的初衷，信贷产品的链条不断被拉长，资金在金融体系内部空转；另一方面，在我国信贷歧视、实体经济长期疲软以及监管缺失的背景下，企业部门不断将金融资本从主营业务中撤出，转而投向影子信贷市场，虚拟经济的过度膨胀和实体投资率下降的结构性矛盾日益突出（张成思和张步昙，2016；韩珣、田光宁和李建军，2017）。那么，非金融企业影子银行化行为是否会进一步抑制企业实体投资，促进资金从实体经济流向虚拟经济，即加剧产业空心化趋势？有鉴于此，本书进一步检验非金融企业影子银行化对经济"脱实向虚"的影响。

本书在模型（5-34）企业实体投资规模影响因素的实证模型中，加入非金融企业影子银行化规模变量进行实证分析。为了克服模型的内生性问题，在面板固定效应回归的基础上，进一步采用工具变量和系统 GMM 法对该模型进行检验。表5-20 中第（1）列给出的面板固定效应模型的回归结果显示，企业影子银行规模（SB）的系数为 -0.0307，在1%统计水平下显著为负，说明非金融企业影子银行化会抑制其生产性投资行为。表5-20 中第（2）列报告了将非金融企业影子银行规模的滞后一期作为工具变量，采用两阶段最小二乘法时的回归结果，非金融企业影子银行化规模（SB）的系数为 -0.2064，在1%统计水平下显著为负。Anderson 检验（P 值）和 Cragg-Donald Wald 检验（F 值）均表明，本书选取的工具变量是有效的。进一步采用两阶段系统 GMM 法来解决内生性问题，将所有的变量视为内生变量，年份虚拟变量视为外生变量，将公司规模、现金流水平、净资产收益率和股权性质等变量的滞后项作为 GMM 型工具变量，并采用稳健标准误进行回归。表中第（3）列的回归结果显示，非金融企业影子银行化规模（SB）的系数在1%统计水平下显著为负，表明非金融企业影子银行化会抑制企业主营业务投资，得到的结论与面板固定效应和工具变量回归的结果相一致。因此，非金融企业的影子银行业务滋生金融资本的套利和投机活动，抑制企业实体投资规模，从而导致资金从实体经济中撤出，不断涌入虚拟经济，经济"脱实向虚"和产业空洞化趋势不断增强。

表 5 - 20　　进一步讨论：非金融企业影子银行化与经济"脱实向虚"

	（1） FE	（2） IV	（3） GMM
SB	- 0. 0307 ***	- 0. 2064 ***	- 0. 2966 ***
	（0. 011）	（0. 021）	（0. 081）
L. INV	0. 2824 ***	0. 2790 ***	0. 3369 ***
	（0. 014）	（0. 008）	（0. 090）
FM	- 0. 0169 *	- 0. 0126	0. 2015
	（0. 010）	（0. 012）	（0. 297）
Return_ Gap	0. 0012	0. 0023 **	- 0. 0972
	（0. 001）	（0. 001）	（0. 101）
Risk_ Gap	- 0. 0010 **	- 0. 0007	- 0. 0111
	（0. 000）	（0. 000）	（0. 010）
size	0. 8930 ***	1. 0682 ***	0. 9259 ***
	（0. 045）	（0. 029）	（0. 149）
cfo	- 0. 0027	- 0. 0263	- 1. 5183
	（0. 046）	（0. 037）	（1. 410）
salesgrowth	0. 0000 ***	0. 0000 **	0. 0000
	（0. 000）	（0. 000）	（0. 000）
ROE	0. 0108 **	0. 0110 ***	- 0. 1063
	（0. 005）	（0. 003）	（0. 125）
controlshare	0. 0031 *	0. 0017	- 0. 0007
	（0. 002）	（0. 001）	（0. 007）
age_ list	- 0. 0637 ***	- 0. 1238 ***	- 0. 0429 ***
	（0. 007）	（0. 029）	（0. 016）
常数项	- 5. 3813 ***	—	- 2. 3528 *
	（0. 775）		（1. 275）
观测值	15495	15421	15495
R²	0. 3357	0. 3070	—
Anderson canon. corr. LM	0. 0000	—	—
Cragg - Donald Wald F	0. 0000	—	—
AR （1）	—	—	0. 0000

	(1)	(2)	(3)
	FE	IV	GMM
AR（2）	—	—	0.8490
Sargan test	—	—	0.1140
Hansen test	—	—	0.7330

注：括号内为聚类到企业层面的稳健标准误，***、**、* 分别表示在1%、5%和10%统计水平下显著。

第三节　本章小结

一　研究结论

本章利用我国2004—2015年上市公司的数据，剖析了融资歧视对非金融企业影子银行化和产出增长的影响。结论如下：

其一，银行信贷歧视下融资优势企业和融资劣势企业获得与自身合意投资水平不相匹配的信贷支持，是导致非金融企业影子银行化现象产生的主要原因。在融资劣势企业生产效率高于影子信贷市场利率的情况下，基于融资歧视的非金融企业之间的金融漏损现象才会得以存在，并且融资优势企业的利润水平会提高，融资劣势企业的产出水平和整个经济的总产出水平也会增加

其二，模型中考虑到以民营企业和中小企业为代表的融资劣势企业可能存在破产风险。具体来看，如果融资劣势企业存在事前破产风险或事后破产风险，那么只有在融资优势企业能够有效观测到融资劣势企业的破产风险的情况下，社会总产出不会发生损失。反之，如果融资优势企业无法识别融资劣势企业的破产风险，那么动态博弈的均衡结果可能会同时降低融资优势企业以及融资劣势企业

的产出和利润水平，从而造成产出损失。

其三，利用我国非金融类上市公司2004—2015年的数据进行实证分析的结果表明，银行在金融资源配置上的融资歧视行为是导致以国有企业为代表的融资优势企业影子银行化趋势日益增强的原因。随着类金融市场收益率的不断提高，银行信贷歧视引致的信贷资源配置不均，会导致国有企业等融资优势企业从事影子银行业务的动机更强，非金融企业影子银行化规模不断攀升。因此，本书实证分析结果与理论模型设定相一致。

其四，从一般均衡视角采用PVAR模型，利用我国2014年第一季度到2017年第四季度的省级面板数据，探究了非金融企业影子银行化行为对产出增长的影响。结果表明，非金融企业影子银行化对产出增长的影响并不显著，在短期能够提升全社会固定资产投资水平，但是这种促进效应随着时间的推移逐渐减弱，长期效应并不显著。总体来看，非金融企业影子银行化对产出增长和全社会固定资产投资的解释力度在2%—3%。总产出增长和非金融企业影子银行化规模增长率之间不存在因果关系。非金融企业影子银行规模的变动是引起全社会固定资产投资规模变化的原因，但是全社会固定资产投资规模的变化不是引起非金融企业影子银行化规模的原因。总体来看，非金融企业影子银行化对社会总产出水平的提升作用并不明显。

本章也进一步探讨了金融错配对非金融企业影子银行化的影响。结论表明，金融错配水平的提高整体上会加剧非金融企业的影子银行化趋势，并且金融错配对企业影子银行化规模的促进作用，仅对金融深化程度较高和金融活动的市场驱动性差的地区是显著的。由于盈利较差的企业受到利润追逐和投资替代机制的影响，金融错配水平的提高对其影子银行化趋势的正向作用更为强烈。金融错配程度的提高会抑制企业生产性投资行为，并且这种效应在资本专用性程度高的企业中更为显著。为了进一步考察金融错配对非金融企业影子银行化的作用机制，本书采用中介效应模型进行实证分析，结果表明，金融错配主要通过融资约束而非资本回报率渠道作用于企业投资行为，金融错配也会通过降低企业实体投资规模，从而非金融企业影子银行化规模产生正向影响。在进一步检验中，为了克服模型的内生性问题，在面板固定效应模型的基础上，采用工具变量回归模型和系统 GMM 模型研究发现，非金融企业影子银行化会导致资金脱离实体经济，不断向影子信贷市场聚集，进而加剧经济"脱实向虚"趋势。

二 政策建议

本书研究结论为重新审视影子银行体系的过度膨胀、企业部门杠杆率高企和僵尸企业处置问题提供了新的思路。自 2017 年以来，我国监管部门出台了大量的监管政策，从正规金融机构的资产端入手，对银行理财、委外业务和银信合作等通道业务进行清理，以期限制正规金融体系之外的影子信贷市场的发展。然而，研究结论显示，银行信贷歧视下金融资源的非效率配置是导致非金融企业影子银行化和产业空洞化趋势的主要根源。金融错配使得企业实体投资率不断下降，经济金融化和经济"脱实向虚"趋势不断增强。因此，要想从根本上抑制影子信贷市场的过度发展，引导金融重新回归实体经济，关键在于促进金融资源的高效率配置，从根源上消除金融中介的信贷歧视问题，加快直接融资市场的发展，进而实现金融回归服务于实体经济的初衷。

政策建议如下：其一，消除融资歧视引致的信贷资源错配现象，进而从根源上抑制融资优势企业从金融中介和资本市场融入低息贷款，然后再将闲置资金投放于影子信贷市场的逐利性行为。其二，加快金融领域的供给侧改革，大力发展直接融资市场，降低金融服务的重心，从而更好地发挥市场在金融资源配置中的决定性作用。其三，完善实体投资环境，为中小企业和民营企业提供良好的投融资环境，使得实体经济重新回归生产性活动。其四，加强金融体系的"穿透式监管"，抑制金融机构的自我循环，监测影子银行体系和房地产部门的风险，以防范系统性风险的发生。

第 六 章

研究结论与政策建议

随着我国经济金融化趋势的日益增强，金融部门逐渐脱离服务实体经济的初衷，不断将资金配置到金融体系内部。一方面，金融行业的资产规模、利润积累以及对于经济发展的影响力不断扩大；另一方面，越来越多的企业在金融行业高额利差和实体经济长期疲软的双重作用下，开始从事股票、债券、银行理财、私募股权基金等各类金融资产的投资活动。值得注意的是，非金融企业也开始通过合规或者非合规的方式，从事高杠杆、高风险和游离于监管之外的影子银行活动。目前，国内外学者对影子银行体系的研究已经比较丰富，但研究视角大多集中于银行、证券、保险以及小额贷款公司、融资担保公司、典当行等金融机构类影子银行参与主体。很少有文献对非金融企业通过充当信用中介或作为信用主体从事影子银行活动的现象进行深入、透彻的分析。企业的生产经营和技术创新活动是经济长期平稳增长的关键所在。非金融企业将金融资本和人力资源配置到影子信贷市场的投机性行为，必然会对其微观经营绩效和宏观经济的运行造成一定的冲击。因此，系统性地剖析非金融企业影子银行化的内在机制，构建非金融企业影子银行规模的测算方法，分析非金融企业影子银行化的影响因素和宏微观经济效应，对于重新审视现有影子银行体系，补充完善影子银行测算体系，从根源上抑制非金融企业的影子银行化行为，以及促进金融重新回归实体经济，均具有重要的理论和实践意义。本书主要采用归纳法与演绎法相结合，理论研究与经验分析相结合，微观机制分析与宏观体系建设相结合的方法，对非金融企业影子银行化的经济效应进行了系统、深入的分析。

第一节　研究结论

第一，本书从理论层面提出了非金融企业影子银行化的概念，并且从资产和利润两个方面对非金融企业影子银行化的内涵进行界定。从资产角度来看，非金融企业影子银行化系指企业部门越来越倾向于将资金投资到影子银行体系中，而非用于固定资产、无形资产等长期生产性投资，从而导致影子信贷资产占总资产的比重不断提高的行为。从利润积累角度来看，非金融企业影子银行化也可以理解为企业利润积累中来自影子银行信贷市场的比重逐步提高。目前，非金融企业主要通过两种方式开展影子银行业务。一是充当实质性信用中介，作为资金的直接融出方和信用创造的主体，通过委托贷款、民间借贷和股权创新等方式为资金需求方融出资金。二是通过购买银行理财产品、券商理财、信托产品和结构性存款等各类类金融产品间接参与到体制内影子银行的信用链条中。

第二，非金融企业的影子银行化行为受到外部融资结构、金融与实体行业收益率之差、外部宏观经济环境以及微观企业异质性因素的影响。外部融资能力越强的企业，其经济影子银行化趋势越强；经济增长率下降、全社会固定资产投资减少以及货币紧缩等宏观经济环境的变化，也会导致非金融企业影子银行化规模的扩张。此外，企业规模、上市年限等企业微观层面因素，也会对非金融企业影子银行规模产生影响。进一步讨论发现，在我国政府管制和银行信贷歧视的背景下，僵尸企业和国有企业在银行信贷支持与实体投资机会较少的双重作用下，外部融资占比和金融与实体经济收益率之差的提高对其影子银行化趋势的促进作用更强。

第三，企业将更多的精力和资源投向影子信贷市场的行为，必然会对企业经营绩效和盈利结构产生影响。本书采用2004—2015年沪深两市全部A股上市公司的数据研究发现，非金融企业影子银行化行为整体上会提高经营绩效，并且会通过降低经营收益及提高金融收益而对盈利结构造成一定的影响。进一步利用中介效应检验发现，非金融企业影子银行化通过投资规模和投资效率两个中介变量，对经营绩效形成截然相反的作用，前者挤出机制对经营收益的负面影响大于后者效率提升对经营收益的正向效应。

第四，影子银行体系具有高杠杆、高风险以及法律主体不明确等特点，其信用链条复杂和信贷顺周期性在一定程度上会加剧整个金融体系的风险联动性和风险传染机制。非金融企业有别于金融类影子银行机构，其无法获得央行的信贷支持，金融风险识别和管理能力较差。非金融企业参与影子信贷市场投融资活动，必然会增加企业的经营风险。本书利用沪深两市A股上市公司的数据，实证检验了非金融企业影子银行化对经营风险的影响，并对其不同业务模式下的风险传导机制进行了分析。结果表明：非金融企业影子银行化会增加盈利的波动性和发生财务危机的可能性，从而增加经营风险；如果企业通过委托贷款、委托理财和民间借贷等方式充当实质性信用中介为中小企业融出资金，那么借款方潜在的还款风险将会通过降低企业短期偿债能力，以会计账户机制传导到放贷企业；如果企业通过购买金融类影子银行体系发行的类金融产品，以间接信用链条模式参与影子信贷市场投融资活动，那么金融市场风险将通过系统性风险联动渠道，增加预期收益的波动性，进而加剧经营风险。

第五，我国长期处于金融抑制和国有商业银行垄断经营的市场环境下，信贷配给机制决定了金融资源在不同地区和经济主体之间的分布状态，银行信贷歧视导致以国有企业为代表的融资优势部门的影子银行化现象。本书通过构建包括银行信贷歧视的两部门模型，从理论层面分析非金融企业影子银行化产生的机理，实证研究发现，融资歧视使得不同经济主体获得与其自身生产效率不相匹配的信贷资源，是导致非金融企业影子银行化行为的根源所在，并且只有在融资劣势企业生产效率高于影子信贷市场利率的情况下，非金融企业影子银行化现象才会得以存在，从而促进社会总产出水平的提升。进一步分析发现，如果融资劣势企业存在事前破产风险或者事后破产风险，那么只有在融资优势企业能够有效观测到融资劣势企业的破产风险的情况下，社会总产出水平才不会发生损失。利用我国非金融类上市公司2004—2015年数据的经验分析结果说明，银行信贷歧视是导致以国有企业为代表的融资优势部门影子银行化规模不断扩张的原因。类金融市场收益率的提高，会进一步加剧企业影子银行化趋势。从一般均衡视角，利用我国2014—2017年省级层面的季度数据，采用PVAR模型实证分析非金融企业影子银行化对产出增长的影响，结论表明，非金融企业影子银行化对经济总产出的影响并不显著，在短期能够提升全社会固定资产投资水平，但这种促进效应在长期并不显著。

第六，非金融企业影子银行化的产生，源于信贷资源在微观经济主体之间的低效配置。一方面，部分生产效率低下的企业能够通过金融中介和资本市场融入超额资金，在不存在良好实体投资机会的情况下，将资金用于影子放贷以及购买银行理财、资产管理计划和私募股权基金等类金融产品，以牟取高额利差收益。另一方面，对经济增长和就业贡献更大的中小企业和民营企业，难以通过正规渠道获得金融支持，进而通过影子银行机构获得短期贷款。因此，金融错配在一定程度上导致了我国非金融企业影子银行化行为。本书利用2004—2015年上市公司数据发现，金融错配程度的提高整体上会提高非金融企业影子银行化规模，并且这种效应存在地区和企业层面的异质性。具体表现为，金融错配程度对非金融企业影子银行化行为的促进效应，在金融深化程度较高、金融活动市场驱动性差的地区是显著的，但在金融抑制程度较深和政府干预程度较低的区域并不显著；僵尸企业和盈利较差的企业，分别受到利润追逐机制和投资替代机制的影响，金融错配对其影子银行化趋势的正向作用更为强烈。中介效应检验发现，金融错配水平的上升会降低企业实体投资水平，这种效应在资产专用性较强的企业中更为明显；金融错配主要通过融资约束程度和企业实体投资规模，而非资本回报率渠道作用于非金融企业影子银行化行为。多种稳健性检验方法均表明本书的结论的稳健性。本书进一步克服模型存在的内生性问题，采用工具变量和系统 GMM 方法研究发现，非金融企业影子银行化会进一步加剧经济"脱实向虚"趋势，从而导致经济陷入虚拟经济泡沫积聚和实体经济投资下滑的恶性循环之中。

第二节 政策建议

本书研究结论表明，随着我国经济增长放缓和金融市场化进程的推进，非金融企业影子银行化趋势日益增强。非金融企业影子银行化的运行机制和对宏观经济的影响路径不同于金融机构类影子银行参与主体。非金融企业参与影子银行活动会导致企业利润来源中来自影子信贷市场投融资的比重逐渐增加，加剧企业部门与整个金融系统的风险传染效应，对实体经济的长期发展造成负面的冲击。因此，识别非金融企业的影子银行业务机制，测算影子银行业务规模，厘清不同业务模式下的风险传染机制，以及非金融企业影子银行化对实体经济投资率的影响，对于促进金融稳定和宏观经济的运行具有重要的理论和现实意义。为了抑制非金融企业的过度影子银行化行为，本书提出以下政策建议。

第一，完善非金融企业参与影子银行业务的识别机制，构建多元化影子银行体系规模测算体系。随着我国影子银行体系的发展和金融监管措施的相继出台，影子银行参与主体和业务模式也呈现多元化发展趋势。我国影子银行体系根植于商业银行体系，以银行为主导的金融体系构成使得监管部门将风险防范和监管的重点落脚在主流金融机构上。2017年，我国出台了一系列监管政策以限制银行理财、同业业务、买入返售和信托贷款等影子银行业务的过度膨胀。但是，少有学者关注到非金融企业的影子银行化活动。近年来，企业杠杆高企、金融资产投资乱象以及经济"脱实向虚"等一系列经济问题的爆发都与企业过度参与金融市场投融资活动的行为相关。因此，从理论层面加强非金融企业影子银行化的识别机制，完善现有影子银行体系的测算方法，有助于为监管部门重新审视我国多元化影子银行体系，全面掌握我国现有影子银行体系的规模和发展趋势，提供理论支持和政策指引。

第二，提高金融资本配置效率，完善直接融资市场。我国金融中介主导和国有银行寡占的市场结构，导致银行存在较为严重的信贷歧视问题，金融错配问题在我国普遍存在。本书的研究结论表明，金融错配是非金融企业影子银行化和产业空心化趋势的根源所在。因此，监管部门为了从根本上抑制非金融企业过度影子银行化趋势，需要消除金融机构融资歧视现象，促进信贷资源的市场化配置，并且加快直接融资市场的发展，从而缓解资金供求失衡引致的非金融企业影子银行化行为。

第三，改善实体投资环境，抑制经济"脱实向虚"趋势。我国政府投资占社会总投资的比重一直处于较高水平，对民间投资产生了一定的挤出效应。政府投资会通过利率、价格和资金传导机制，降低企业生产经营和技术创新的动力。目前，我国经济增长进入新常态阶段，企业从事长期固定资产投资的意愿逐渐降低。影子信贷市场隐蔽性较强且收益较高的特点，使得其成为企业弥补主营业务亏损、释放流动性的替代性选择。因此，应当完善私人部门的投资环境，抑制影子信贷市场投资对企业实体投资的替代效应和挤出效应。

第四，加强风险隔离机制，降低系统性金融风险。非金融企业的影子银行活动会增加经营风险，并且加剧企业部门内部、企业部门与金融市场之间的风险传染机制，进而加剧整个金融体系的系统性风险。因此，应当加强实体经济与虚拟经济之间的风险隔离机制，以达到提高金融市场稳定性的目的。

第五，强化财务报表披露机制，实现穿透式金融监管。影子银行高杠杆、信用链条复杂以及游离于监管之外的特点，使得我国"一行两会"的监管模式很难从根本上抑制非正规信贷市场规模的过度发展。非金融企业通过合规和非合规的方式从事放贷业务为地方政府融资平台、房地产市场以及中小企业等资金需求方融通资金的行为，具有较强的隐蔽性。我国监管部门明确规定，不允许上市公司从资本市场募集资金从事各类金融资产投资活动。然而，财务报表披露不完善和金融监管缺失，为非金融企业影子银行化行为提供了监管套利的空间。因此，为了从根源上抑制非金融企业过度影子银行化趋势，应当加强上市公司财务报表披露制度，实现穿透式监管，构建功能监管体系，从而降低企业以地下融资等非合规渠道开展影子银行业务从而对经济运行的负面影响。

第六，降低企业部门杠杆，加快僵尸企业的处置。本书的研究结论表明，外部融资能力的提高会显著提升非金融企业的影子银行化动机，扩大影子银行业务规模。目前，我国杠杆率高企的问题不仅反映在金融行业，企业部门的过度负债行为也不断引起监管部门的重视。具有融资优势的企业从银行和金融市场融入超过其生产经营活动所需的资金，转而再通过委托贷款、委托理财和地下借贷等方式投资于影子信贷市场，导致了非金融企业影子银行化趋势的日益增强。目前，我国存在大量生产效率低下，盈利能力较差，并且能够获得银行信贷支持和政府财政补贴的僵尸企业，其不存在良好的投资机会，因此从事影子银行业务以弥补主营业务亏损的动机更为强烈。因此，本书认为应当降低企业部门的杠杆率，加快对僵尸企业的处理，进而促进金融重新回归服务实体经济的初衷。

参考文献

一 中文文献

安强身：《金融漏损、效率修正与"反哺效应"——中国转轨经济金融低效率与经济高增长研究的新视角》，《财经研究》2008年第4期。

安强身、姜占英：《中国体制内金融漏损的再思考》，《财经科学》2013年第7期。

白俊、连立帅：《信贷资金配置差异：所有制歧视抑或禀赋差异?》，《管理世界》2012年第6期。

蔡明荣、任世驰：《企业金融化：一项研究综述》，《财经科学》2014年第7期。

蔡雯霞：《影子银行信用创造及对货币政策的影响》，《宏观经济研究》2015年第10期。

陈湘永、丁楹：《我国上市公司委托理财的实证分析》，《管理世界》2002年第3期。

成力为、温源、张东辉：《金融错配、结构性研发投资短缺与企业绩效——基于工业企业大样本面板数据分析》，《大连理工大学学报》（社会科学版）2015年第2期。

程小可、姜永盛、郑立东：《影子银行、企业风险承担与企业价值》，《财贸研究》2016年第6期。

戴静、张建华：《金融所有制歧视、所有制结构与创新产出——

来自中国地区工业部门的证据》,《金融研究》2013 年第 5 期。

邓建平、曾勇:《政治关联能改善民营企业的经营绩效吗》,《中国工业经济》2009 年第 2 期。

方明月:《资产专用性、融资能力与企业并购——来自中国 A 股工业上市公司的经验证据》,《金融研究》2011 年第 5 期。

方先明、权威:《信贷型影子银行顺周期行为检验》,《金融研究》2017 年第 6 期。

方先明、谢雨菲:《影子银行及其交叉传染风险》,《经济学家》2016 年第 3 期。

苟琴、黄益平、刘晓光:《银行信贷配置真的存在所有制歧视吗?》,《管理世界》2014 年第 1 期。

郭晔、赵静:《存款竞争、影子银行与银行系统风险——基于中国上市银行微观数据的实证研究》,《金融研究》2017 年第 6 期。

韩珣、田光宁、李建军:《非金融企业影子银行化与融资结构——中国上市公司的经验证据》,《国际金融研究》2017 年第 10 期。

何德旭、王朝阳:《中国金融业高增长:成因与风险》,《财贸经济》2017 年第 7 期。

何平、刘泽豪、方志玮:《影子银行、流动性与社会融资规模》,《经济学》(季刊)2017 年第 1 期。

黄俊、陈信元、张天舒:《公司经营绩效传染效应的研究》,《管理世界》2013 年第 3 期。

黄少卿、陈彦:《中国僵尸企业的分布特征与分类处置》,《中国工业经济》2017 年第 3 期。

黄益平、常健、杨灵修:《中国的影子银行会成为另一个次债?》,《国际经济评论》2012 年第 2 期。

胡利琴、陈锐、班若愚:《货币政策、影子银行发展与风险承担渠道的非对称效应分析》,《金融研究》2016 年第 2 期。

胡进:《上市公司从事影子银行业务模式、问题与应对思路》,

《长江大学学报》（社会科学版）2012 年第 5 期。

胡奕明、王雪婷、张瑾：《金融资产配置动机："蓄水池"或"替代"？——来自中国上市公司的证据》，《经济研究》2017 年第 1 期。

胡志鹏：《"影子银行"对中国主要经济变量的影响》，《世界经济》2016 年第 1 期。

花贵如、刘志远、许骞：《投资者情绪、管理者乐观主义与企业投资行为》，《金融研究》2011 年第 9 期。

黄乾富、沈红波：《债务来源、债务期限结构与现金流的过度投资——基于中国制造业上市公司的实证证据》，《金融研究》2009 年第 9 期。

贾生华、董照樱子、陈文强：《影子银行、货币政策与房地产市场》，《当代经济科学》2016 年第 3 期。

靳来群：《所有制歧视所致金融资源错配程度分析》，《经济学动态》2015 年第 6 期。

李波、伍戈：《影子银行的信用创造功能及其对货币政策的挑战》，《金融研究》2011 年第 12 期。

李丛文、闫世军：《我国影子银行对商业银行的风险溢出效应——基于 GARCH - 时变 Copula - CoVaR 模型的分析》，《国际金融研究》2015 年第 10 期。

李凤羽、杨墨竹：《经济政策不确定性会抑制企业投资吗？——基于中国经济政策不确定指数的实证研究》，《金融研究》2015 年第 4 期。

李广子、刘力：《债务融资成本与民营信贷歧视》，《金融研究》2009 年第 12 期。

李建军：《中国未观测信贷规模的变化：1978～2008 年》，《金融研究》2010 年第 4 期。

李建军、韩珣：《过桥贷款与房地产价格——基于 2006—2015 年中国的经验证据》，《中央财经大学学报》2016 年第 8 期。

李建军、韩珣:《金融密度的省际差异及其决定因素——基于四层次三维度空间分布评价系统的构建与实证检验》,《中央财经大学学报》2017年第7期。

李建军、韩珣:《金融排斥、金融密度与普惠金融——理论逻辑、评价指标与实践检验》,《兰州大学学报》2017年第4期。

李建军、乔博、胡凤云:《中国影子银行形成机理与宏观效应》,《宏观经济研究》2015年第11期。

李建军、马思超:《中小企业过桥贷款投融资的财务效应——来自我国中小企业板上市公司的证据》,《金融研究》2017年第3期。

李建军、薛莹:《中国影子银行部门系统性风险的形成、影响与应对》,《数量经济技术经济研究》2014年第8期。

李向前、诸葛瑞英、黄盼盼:《影子银行系统对我国货币政策和金融稳定的影响》,《经济学动态》2013年第5期。

李扬:《"金融服务实体经济"辨》,《经济研究》2017年第6期。

连玉君、苏治:《融资约束、不确定性与上市公司投资效率》,《管理评论》2009年第1期。

林琳、曹勇:《基于复杂网络的中国影子银行体系风险传染机制研究》,《经济管理》2015年第8期。

刘莉亚、何彦林、王照飞、程天笑:《融资约束会影响中国企业对外直接投资吗?——基于微观视角的理论和实证分析》,《金融研究》2015年第8期。

刘海明、曹廷求:《基于微观主体内生互动视角的货币政策效应研究——来自上市公司担保圈的证据》,《经济研究》2016年第5期。

刘珺、盛宏清、马岩:《企业部门参与影子银行业务机制及社会福利损失模型分析》,《金融研究》2014年第5期。

刘澜飚、宫跃欣:《影子银行问题研究评述》,《经济学动态》2012年第2期。

刘瑞明：《金融压抑、所有制歧视与增长拖累——国有企业效率损失再考察》，《经济学》（季刊）2011 年第 2 期。

刘小玄、周晓艳：《金融资源与实体经济之间配置关系的检验——兼论经济结构失衡的原因》，《金融研究》2011 年第 2 期。

卢峰、姚洋：《金融压抑下的法治、金融发展和经济增长》，《中国社会科学》2004 年第 1 期。

罗党论、应千伟、常亮：《银行授信、产权与企业过度投资：中国上市公司的经验证据》，《世界经济》2012 年第 3 期。

卢华：《国有企业退出壁垒的案例分析——以我国纺织业为例》，《管理世界》2000 年第 1 期。

陆晓明：《中美影子银行系统比较分析和启示》，《国际金融研究》2014 年第 1 期。

鲁晓东：《金融资源错配阻碍了中国的经济增长吗》，《金融研究》2008 年第 4 期。

陆正飞、祝继高、樊铮：《银根紧缩、信贷歧视与民营上市公司投资者利益损失》，《金融研究》2009 年第 8 期。

马勇、陈雨露：《金融杠杆、杠杆波动与经济增长》，《经济研究》2017 年第 6 期。

马勇、田拓、阮卓阳、朱军军：《金融杠杆、经济增长与金融稳定》，《金融研究》2016 年第 6 期。

潘敏、朱迪星：《市场周期、投资者情绪与企业投资决策——来自中国上市公司的经验证据》，《经济管理》2011 年第 9 期。

裴平、印文：《中国影子银行的信用创造及其规模测算》，《经济管理》2014 年第 3 期。

彭俞超、韩珣、李建军：《经济政策不确定性与企业金融化》，《中国工业经济》2018 年第 1 期。

戚聿东、张任之：《金融资产配置对企业价值影响的实证研究》，《财贸经济》2018 年第 5 期。

钱雪松、谢晓芬、杜立：《金融发展、影子银行区域流动和反哺效应——基于中国委托贷款数据的经验分析》，《中国工业经济》2017 年第 6 期。

裘翔、周强龙：《影子银行与货币政策传导》，《经济研究》2014 年第 5 期。

权小锋、吴世农、尹洪英：《企业社会责任与股价崩盘风险："价值利器"或"自利工具"?》，《经济研究》2015 年第 11 期。

翟胜宝、张胜、谢露、郑洁：《银行关联与企业风险——基于我国上市公司的经验证据》，《管理世界》2014 年第 4 期。

饶品贵、岳衡、姜国华：《经济政策不确定性与企业投资行为研究》，《世界经济》2017 年第 2 期。

邵挺：《金融错配、所有制结构与资本回报率：来自 1999 ~ 2007 年我国工业企业的研究》，《金融研究》2010 年第 9 期。

申广军：《比较优势与僵尸企业：基于新结构经济学视角的研究》，《管理世界》2016 年第 12 期。

沈红波、张广婷、阎竣：《银行贷款监督、政府干预与自由现金流约束——基于中国上市公司的经验证据》，《中国工业经济》2013 年第 5 期。

宋军、陆旸：《非货币金融资产和经营收益率的 U 形关系——来自我国上市非金融公司的金融化证据》，《金融研究》2015 年第 6 期。

孙国峰、贾君怡：《中国影子银行界定及其规模测算——基于信用货币创造的视角》，《中国社会科学》2015 年第 11 期。

苏坤：《国有金字塔层级对公司风险承担的影响——基于政府控制级别差异的分析》，《中国工业经济》2016 年第 6 期。

谭小芬、张文婧：《经济政策不确定性影响企业投资的渠道分析》，《世界经济》2017 年第 12 期。

谭语嫣、谭之博、黄益平、胡永泰：《僵尸企业的投资挤出效应：基于中国工业企业的证据》，《经济研究》2017 年第 5 期。

谢家智、王文涛、江源：《制造业金融化、政府控制与技术创新》，《经济学动态》2014 年第 11 期。

辛清泉、林斌、王彦超：《政府控制、经理薪酬与资本投资》，《经济研究》2007 年第 8 期。

徐军辉：《中国式影子银行的发展及其对中小企业融资的影响》，《财经科学》2013 年第 2 期。

徐思远、洪占卿：《信贷歧视下的金融发展与效率拖累》，《金融研究》2016 年第 5 期。

许伟、陈斌开：《税收激励和企业投资——基于 2004～2009 年增值税转型的自然实验》，《管理世界》2016 年第 5 期。

杨丰来、黄永航：《企业治理结构、信息不对称与中小企业融资》，《金融研究》2006 年第 5 期。

杨天宇、张蕾：《中国制造业企业进入和退出行为的影响因素分析》，《管理世界》2009 年第 6 期。

阳佳余：《融资约束与企业出口行为：基于工业企业数据的经验研究》，《经济学》2012 年第 4 期。

伊志宏、姜付秀、秦义虎：《产品市场竞争、公司治理与信息披露质量》，《管理世界》2010 年第 1 期。

应千伟、罗党论：《授信额度与投资效率》，《金融研究》2012 年第 5 期。

余明桂、李文贵、潘红波：《管理者过度自信与企业风险承担》，《金融研究》2013 年第 1 期。

余琰、李怡宗：《高息委托贷款与企业创新》，《金融研究》2016 年第 4 期。

于泽、陆怡舟、王闻达：《货币政策执行模式、金融错配与我国企业投资约束》，《管理世界》2015 年第 9 期。

王浡力、李建军：《中国影子银行的规模、风险评估与监管对策》，《中央财经大学学报》2013 年第 5 期。

王达：《论美国影子银行体系的发展、运作、影响及监管》，《国际金融研究》2012 年第 1 期。

王擎、白雪：《我国影子银行发展与银行体系稳定——来自省际面板数据的证据》，《财经科学》2016 年第 4 期。

王曼怡、张译文：《金融深化改革加速进程中我国影子银行的审视与管理》，《经济学动态》2014 年第 2 期。

王彦超：《融资约束、现金持有与过度投资》，《金融研究》2009 年第 7 期。

王彦超：《金融抑制与商业信用二次配置功能》，《经济研究》2014 年第 6 期。

王永钦、刘紫寒、李嫦、杜巨澜：《识别中国非金融企业的影子银行活动——来自合并资产负债表的证据》，《管理世界》2015 年第 12 期。

王竹泉、段丙蕾、王苑琢、陈冠霖：《资本错配、资产专用性与公司价值——基于营业活动重新分类的视角》，《中国工业经济》2017 年第 3 期。

王喆、张明、刘士达：《从"通道"到"同业"——中国影子银行体系的演进历程、潜在风险与发展方向》，《国际经济评论》2017 年第 4 期。

王振、曾辉：《影子银行对货币政策影响的理论与实证分析》，《国际金融研究》2014 年第 12 期。

温忠麟、叶宝娟：《中介效应分析：方法和模型发展》，《心理科学进展》2014 年第 5 期。

温忠麟、张雷、侯杰泰、刘红云：《中介效应检验程序及其应用》，《心理学报》2004 年第 5 期。

张成思、张步昙：《再论金融与实体经济：经济金融化视角》，《经济学动态》2015 年第 6 期。

张成思、张步昙：《中国实业投资率下降之谜：经济金融化视角》，《经济研究》2016 年第 12 期。

张杰、刘元春、翟福昕、芦哲：《银行歧视、商业信用与企业发展》，《世界经济》2013 年第 9 期。

张庆君、李雨霏、毛雪：《所有制结构、金融错配与全要素生产率》，《财贸研究》2016 年第 4 期。

赵龙凯、岳衡、矫堃：《出资国文化特征与合资企业风险关系探究》，《经济研究》2014 年第 1 期。

周莉萍：《影子银行体系的顺周期性：事实、原理及应对策略》，《财贸经济》2013 年第 3 期。

周启清、韩永楠、孙倩：《我国影子银行货币创造对通货膨胀的影响——基于我国经济数据的误差修正模型检验》，《宏观经济研究》2016 年第 2 期。

周煜皓、张盛勇：《金融错配、资产专用性与资本结构》，《会计研究》2014 年第 8 期。

朱红军、何贤杰、陈信元：《金融发展、预算软约束与企业投资》，《会计研究》2006 年第 10 期。

祝继高、胡诗阳、陆正飞：《商业银行从事影子银行业务的影响因素与经济后果——基于影子银行体系资金融出方的实证研究》，《金融研究》2016 年第 1 期。

二　英文文献

Acharya, V. V., Khandwala, H., Öncü, T. S., "The Growth of a Shadow Banking System in Emerging Markets: Evidence from India", *Journal of International Money and Finance*, 2013, Vol. 39, No. 2.

Acharya, V. V., Schnabl, P., Suarez, G., "Securitization without Risk Transfer", *Journal of Financial Economics*, 2013, Vol. 107, No. 3.

Ahn, J. H., Breton, R., "Securitization, Competition and Monitoring", *Journal of Banking & Finance*, 2014, Vol. 40, No. 1, pp. 195 – 210.

Allen, F., Qian, J., Qian, M. "Law, Finance and Economic Growth in China", *Journal of Financial Economics*, 2005, Vol. 77,

No. 1, pp. 57 –116.

Ayyagari, M., Demirgüç – Kunt, A., Maksimovic, V., "Formal versus Informal Finance: Evidence from China", *Review of Financial Studies*, 2010, Vol. 23, No. 8, pp. 3048 – 3097.

Baron, R. M., Kenny, D. A., "The Moderator – mediator Variable Distinction in Social Psychological Research: Conceptual, Strategic, and Statistical Considerations", *Journal of Personality and Social Psychology*, 1986, Vol. 51, No. 6.

Berger, A. N., Udell, G. F., "Relationship Lending and Lines of Credit in Small Firm Finance", *Journal of Business*, 1995, Vol. 68, No. 3, pp. 351 –381.

Boyreau – Debray Genevieve, Wei ShangJin, "Pitfalls of a State – Dominated Financial System: The Case of China", *Social Science Electronic Publishing*, 2004.

Brandt, L., Li, H., "Bank Discrimination in Transition Economies: Ideology, Information, or Incentives?", *Journal of Comparative Economics*, 2003, Vol. 31, No. 3, pp. 387 – 413.

Chen, K., Ren, J., Zha, T. A., "The Nexus of Monetary Policy and Shadow Banking in China", *NBER Working Papers*, 2017.

Cull, R., Xu, L. C., Who Gets Credit? "The Behavior of Bureaucrats and State Banks in Allocating Credit to Chinese State – owned Enterprises", *Journal of Development Economics*, 2004, Vol. 71, No. 2, pp. 533 –559.

Dell' Ariccia, G., Igan, D., Laeven, L., "Credit Booms and Lending Standards: Evidence from the Subprime Mortgage Market", *Journal of Money Credit & Banking*, 2012, Vol. 44, No. 2, pp. 367 –384.

Demir, F., "Financial Liberalization, Private Investment and Portfolio Choice: Financialization of Real Sectors in Emerging Markets", *Journal of Development Economics*, 2009, Vol. 88, No. 2, pp. 314 –

324.

Du, J. Li, C. Wang, Y. , "Shadow Banking Activities in Non – Financial Firms: Evidence from China", *Working Paper*, 2015.

Ghoul, S. E. , Guedhami, O. , Kwok, C. , Mishra, D. R. , "Does Corporate Social Responsibility Affect the Cost of Capital?", *Social Science Electronic Publishing*, 2011, Vol. 35, No. 9, pp. 2388 – 2406.

Eisfeldt, A. L. , Rampini, A. , "Managerial Incentives, Capital Reallocation, and the Business Cycle", *Journal of Financial Economics*, 2008, Vol. 87, No. 1, pp. 177 – 199.

Epstein, G. A. , "Financialization and the World Economy", *Edward Elgar*, 2006.

Fazzari, S. , M. , Athey, M. J. , "Asymmetric Information, Financing Constraints, and Investment", *Review of Economics & Statistics*, 1987, Vol. 69, No. 3, pp. 481 – 487.

FCIC "Shadow Banking and the Financial Crisis", *Preliminary Staff Report*, 2010.

FSB, "Shadow Banking: Scoping the Issues", *A Background Note of the Financial Stability Board*, 2011.

Foster, J. , "The Financialization of Capitalism", *Monthly Review an Independent Socialist Magazine*, 2007, Vol. 58, No. 11, pp. 1 – 12.

Funke, M. , Mihaylovski, P. , Zhu, H. , "Monetary Policy Transmission in China: A DSGE Model with Parallel Shadow Banking and Interest Rate Control", *Social Science Electronic Publishing*, 2015, Vol. 5, No. 9, pp. 12 – 26.

Gennaioli, N. , Shleifer, A. , Vishny, R. , "Neglected Risks, Financial Innovation, and Financial Fragility", *Journal of Financial Economics*, 2012, Vol. 104, No. 3, pp. 452 – 468.

Gennaioli, N. , Shleifer, A. , Vishny, R. , "A Model of Shadow Banking", *Journal of Finance*, 2013, Vol. 68, No. 4, pp. 1331 – 1363.

Gorton, G. , Metrick, A. , "Regulating the Shadow Banking System", *Brooking Papers on Economic Activity*, 2010.

Gorton, G. , Metrick, A. , "Securitized Banking and the Run on Repo", *Journal of Financial Economics*, 2012, Vol. 104, No. 3, pp. 425 – 451.

Guariglia, A. , Mateut, S. , "Inventory Investment, Global Engagement, and Financial Constraints in the UK: Evidence from Micro Data", *Journal of Macroeconomics*, 2010, Vol. 32, No. 1, pp. 239 – 250.

Guariglia, A. , Poncet, S. , "Are Financial Distortions an Impediment to Economic Growth? Evidence from China", Working Papers from CEPII research center, 2006.

Hakenes, H. , Schnabel, I. , "Credit Risk Transfer and Bank Competition", *Journal of Financial Intermediation*, 2010, Vol. 19, No. 3, pp. 308 – 332.

Hsu, J. C. , Moroz, M. "Shadow Banks and the Financial Crisis of 2007 – 2008", *Social Science Electronic Publishing*, 2010.

Huang, Y. , Ma, Y. Zhang, Y. , "A Fire Sale Without Fire: An Explanation of Labor – intensive FDI in China", *SSRN Electronic Journal*, 2008.

IMF, "Risk Taking, Liquidity, and Shadow Banking: Curbing Excess While Promoting Growth", *Global Financial Stability Report*, 2014.

Iori, G. , Jafarey, S. , Padilla, F. G. , "Systemic Risk on the Interbank Market", *Journal of Economic Behavior & Organization*, 2006, Vol. 61, No. 4, pp. 525 – 542.

Jaffee, D. , Russell, T. , "Imperfect Information, Uncertainty, and Credit Rationing", *The Quarterly Journal of Economics*, 1976, Vol. 90, No. 4, pp. 651 – 666.

Jiang, G. , Lee, C. M. C. , Yue, H. , "Tunneling through Intercorporate Loans: The China Experience", *Journal of Financial Econom-*

ics, 2010, Vol. 98, No. 1, pp. 1 – 20.

Kaplan, S. N. , Zingales, L. , "Do Investment – Cash Flow Sensitivities Provide Useful Measures of Financing Constraints?", *Quarterly Journal of Economics*, 1997, Vol. 112, No. 1, pp. 169 – 215.

Krippner, G. R. , "The Financialization of the American Economy", *Scio – Economic Review*, 2005, Vol. 3, No. 2, pp. 173 – 208.

Levine, R. , "Financial Development and Economic Growth: Views and Agenda", *Journal of Economic Literature*, 1997, Vol. 35, No. 2, pp. 688 – 726.

Li, J. , Han, X. , "The Macroeconomic Effect of Shadow Credit Market Financing", *Applied Economics & Finance*, 2016, Vol. 3, No. 3, pp. 158 – 171.

Love, I. , Zicchino, L. , "Financial Development and Dynamic Investment Behavior: Evidence from Panel VR", *Quarterly Review of Economics and Finance*, 2006, Vol. 46, No. 2, pp. 87 – 106.

Maddaloni, A. , Peydro, J. L. , "Bank Risk – taking, Securitization, Supervision, and Low Interest Rates: Evidence from the Euro – area and the U. S. Lending Standards", *Review of Financial Studies*, 2010, Vol. 24, No. 6, pp. 2121 – 2165.

Meeks, R. , Nelson, B. and Alessandri, P. , "Shadow Banks and Macroeconomic Instability", *Bank of England Working Paper*, 2014, No. 487.

Meeks, R. , Nelson, B. , Alessandri, P. , "Shadow Banks and Macroeconomic Instability", *Journal of Money Credit & Banking*, 2017.

Mckinnon, R. I. , "Money and Capital in Economic Development", *The Brookings Institution*, Washington D. C. , 1973.

Orhangazi, Ö. , "Financialisation and Capital Accumulation in the Non – financial Corporate Sector: A Theoretical and Empirical Investigation on the US Economy: 1973 – 2003", *Cambridge Journal of Econom-*

ics, 2007, Vol. 32, No. 6, pp. 863 – 886.

Ozbas, O. , "Integration, Organizational Processes, and Allocation of Resources", *Journal of Financial Economics*, 2005, Vol. 75, No. 1, pp. 201 – 242.

Peek, J. , Rosengren, E. S. , "Unnatural Selection: Perverse Incentives and the Misallocation of Credit in Japan", *American Economic Review*, 2005, Vol. 95, No. 4, pp. 1144 – 1166.

Pozsar, Z. , Adrian, T. , Ashcraft, A. B. et al. "Shadow Banking", *Social Science Electronic Publishing*, 2010, Vol. 105, No. 458, pp. 447 – 457.

Pozsar, Z. , Adrian, T. , Ashcraft, A. B. , "Shadow Banking", *Economic Policy Review*, 2013, Vol. 19, No. 2, pp. 1 – 16.

Recruiting, M. , "Money Creation and the Shadow Banking System", *Review of Financial Studies*, 2012, Vol. 28, No. 4, pp. 939 – 977.

Reinhart, C. M. , Rogoff, K. S. , "This Time Is Different: A Panoramic View of Eight Centuries of Financial Crises", *Annals of Economics & Finance*, 2008, Vol. 15, No. 2, pp. 1065 – 1188.

Richardson, S. , "Over – investment of Free Cash Flow", *Review of Accounting Studies*, 2006, Vol. 11, No. 2, pp. 159 – 189.

Rosenbaum, P. R. , Rubin, D. B. , "Constructing a Control Group Using Multivariate Matched Sampling Methods That Incorporate the Propensity Score", *American Statistician*, 1985, Vol. 39, No. 1, pp. 33 – 38.

Song, Z. , Hachem, K. , "The Rise of China's Shadow Banking System", *Meeting Papers. Society for Economic Dynamics*, 2015.

Stiglitz, J. E. , Weiss, A. , "Credit Rationing in Markets with Imperfect Information", *American Economic Review*, 1981, Vol. 71, No. 71, pp. 393 – 410.

Sufi, A., "Bank Lines of Credit in Corporate Finance: An Empirical Analysis", *Review of Financial Studies*, 2009, Vol. 22, No. 3, pp. 1057 – 1088.

Wang, H., Wang, H., Wang, L. et al. "Shadow Banking: China's Dual – Track Interest Rate Liberalization", *NBER Working Paper*, 2015.

Williamson, O. E., "Corporate Finance and Corporate Governance", *Journal of Finance*, 1988, Vol. 43, No. 3, pp. 567 – 591.

Wintoki, M. B., Linck, J. S., Netter, J. M., "Endogeneity and the Dynamics of Internal Corporate Governance", *Journal of Financial Studies*, 2012, Vol. 105, No. 3, pp. 581 – 606.

索　引

后　记

近年来，杠杆率高企、金融资产投资乱象以及实体经济下滑等经济问题频发。一方面，金融、保险和房地产等泛金融部门呈现高速增长的态势；另一方面，实体经济面临产能过剩、供给侧和需求侧结构性失衡等矛盾。值得注意的是，我国金融行业的高增长同时伴随着制造业投资的下滑，在一定程度上反映出了金融服务实体经济的功能逐渐丧失，金融市场系统性风险不断集聚。第五次全国金融会议明确提出，一切经济发展应以服务实体经济为导向，任何脱离实体经济的自我循环、脱离需求侧的过度金融创新都会增加系统性金融风险。随着我国经济增长进入新常态、"三期叠加"引致的结构性矛盾不断激化，企业部门的生产性投资机会逐渐减少，加之供给侧改革、僵尸企业处置以及地方政府融资平台整顿等一系列政策的出台，使得企业所处行业和市场环境面临的不确定性增加，实体投资意愿受到抑制。习近平总书记在党的十九大报告中明确提出，"深化金融体制改革，增强金融服务实体经济的能力。健全金融监管体系，守住不发生系统性金融风险的底线"。2017 年 11 月开始，监管整治金融乱象的序幕正式拉开，从资产端限制同业空转，严控影子银行，以防范实质性风险。

值得我们思考的是，什么因素导致非金融企业从事高杠杆、高风险的影子银行活动。监管部门对银信合作、委外业务和私募基金等业务的规制，能否从根本上抑制非正规影子银行体系的发展，促进信贷业务重新回归表内？因此，探究非金融企业影子银行化的影响因素，进而从根源上找到抑制企业影子银行化的趋势，对于引导金融回归实体经济，防止经济"脱实向虚"，促进宏观经济的长期平稳发展具有重要的理论和现实意义。

本书基于已有对影子银行体系的研究，提出了非金融企业影子银行化的范畴，并且对非金融企业影子银行化的内涵和范畴进行界定，阐释了非金融企业影子银行化的内在机制；利用沪深两市上市公司的数据，从理论和经验层面对非金融企业影子银行化的微观经济效应，以及非金融企业影子银行化的宏观经济效应，即银行信贷歧视和金融错配背景下，企业影子银行化对社会福利水平和实体投资率的宏观影响机制；最后，提出抑制企业过度影子银行化，防止产业空心化，促进金融重新回归实体经济的政策建议。

在此，我要特别感谢我的博士生导师李建军教授，建军老师是我学术的领路人，硕博连读期间对我的论文进行了悉心的指导和帮助。建军老师的指导、关心和包容，也为我之后的科研和学术之路打下了坚实的基础。感谢我的父母，是你们一直以来对女儿的悉心教导和无微不至的关心，让我面对挫折，无所畏惧，面临挑战，努力向前。感谢孟令锋先生，是你的关心、爱护和支持，让我能够在科研之路上更加坚定地走下去。感谢曾经在学业上给予我帮助和指导的中央财经大学金融学院的谭小芬老师、彭俞超老师、魏旭老师和方意老师等。感谢我的合作者广西财经学院商学院的黄娴静老师、首都经济贸易大学金融学院的马思超老师、北京航空航天大学经济与管理学院的石丽娜老师，与你们在学术上的交流和合作，使得我的学术水平有所精进。

最后，要感谢国家社科基金后期资助暨优秀博士论文出版项目"非金融企业影子银行化的经济效应"（项目编号：20FYB014）的资助。感谢中国社会科学出版社对此书稿的仔细校订和审阅工作，他们为本书的顺利出版做出了很大的贡献。当然，如果本书稿有不当之处，欢迎广大读者批评指正，共同提高。

韩珣